DÖLLE & SCHOCKE

DER GESCHMACK VON KOPENHAGEN

ALEXANDER DÖLLE & SARAH SCHOCKE

DER GESCHMACK VON KOPENHAGEN

INHALTSVERZEICHNIS

KOPENHAGEN

EIN SEHNSUCHTSORT, DER GLÜCKLICH MACHT

Hej und hallo!

Wir sind Alex und Sarah und wir sind Kopenhagen-Fans. Warum? Es ist spannend mitzuerleben, wie sich in Kopenhagen kulinarische Trends aus aller Welt präsentieren, wie aber auch Trends in die Welt getragen werden. Und dann ist da noch die Sache mit den glücklichsten Menschen … Irgendwie ist es ansteckend, irgendwie ist es fast unheimlich, aber alle begegnen uns stets mit einer herzlichen Freundlichkeit und Offenheit. Beim Bäcker fragen wir, wie die Zimtknoten geformt werden. Hinter uns ist eine Dame, deren Baby draußen vor dem Laden im Kinderwagen liegt. Immer mal wieder geht sie nach draußen, um zu schauen, ob alles in Ordnung ist. Sie drängelt nicht, verzieht nicht das Gesicht und wirkt überhaupt nicht gestresst und ungeduldig, als wir nach unserem Einkauf noch Fragen zur Zubereitung haben – stattdessen bringt sie ihre eigenen Tipps mit ein. Und solche Situationen passieren ständig!

Gelassenheit, Offenheit, ehrliche Freundlichkeit, aber auch ein In-sich-Ruhen und Zufriedenheit sind die Werte, die uns begegnen. Wir sind stets inspiriert, wenn wir aus dem Norden zurückkehren – von der schlichten Einfachheit, die sogar in einer lebhaften Metropole wie Kopenhagen spürbar ist. Das tut gut, erdet und wir fahren mit jeder Menge Glück und Hygge im Gepäck zurück. Bis zum nächsten Mal. Bis dahin reisen wir einfach im Kopf nach Kopenhagen – mit den Rezepten und Stadtimpressionen in diesem Buch.

Viel Spaß beim Reisen und Kochen wünschen

Alex und Sarah

MORGENMAD: HAPPY IN DEN TAG

HAFER-QUINOA-PORRIDGE

Porridge, in der Landessprache Grød genannt, gehört zu Kopenhagen wie die Klingel ans Fahrrad. Ob warm oder kalt, süß oder herzhaft: Meist sind – wie auch in diesem Rezept – Haferflocken die Basis.

PORRIDGE
40 g Quinoa
500 ml Milch (3,5 % Fett)
100 g kernige Haferflocken

TOPPING
1 rotschalige Birne
60 g Sahne
¼ TL gemahlener Kardamom
40 g Salzmandeln
4 EL Ahornsirup

ZUTATEN
für 4 Personen

ZUBEREITUNG
25 Min.

QUELLEN
12 Std.

PRO PORTION
ca. 370 kcal

01 Für den Porridge die Quinoa in einer Schüssel mit heißem Wasser übergießen und ca. 12 Std. (am besten über Nacht) quellen lassen.

02 Am nächsten Tag eventuell verbliebenes Wasser abgießen und die Quinoa mit Milch, 500 ml Wasser und Haferflocken in einen Topf geben. Aufkochen und zugedeckt bei kleiner Hitze ca. 20 Min. köcheln lassen.

03 Inzwischen für das Topping die Birne waschen, vierteln, entkernen und in feine Spalten schneiden. Die Sahne mit dem Kardamom in einem Topf leicht erwärmen. Dann mit den Rührbesen des Handrührgeräts halbsteif schlagen. Die Mandeln grob hacken.

04 Den Porridge auf vier Schalen verteilen, Birnenspalten und Kardamomsahne darauf anrichten. Mit den gehackten Mandeln bestreuen, mit je 1 EL Ahornsirup beträufeln und servieren.

MORGENMAD
HVER DAG KL. 10-14
æg benédictine, crepes, croissant, yoghurt med frugt, spejlæg, tartar, chokolade croissant, bacon og meget mere

GEBACKENE HAFERFLOCKEN

In Kopenhagen sind die Wintertage weitaus dunkler und kälter als bei uns – da braucht es zum Frühstück ab und an einen süßen Seelentröster wie diesen. Der auch hierzulande hilft bei Winterblues …

1 säuerlicher Apfel
50 g Haselnusskerne
50 g Butter
100 g kernige Haferflocken
300 ml Haferdrink (ersatzweise Milch)
1 TL Zimtpulver
Salz
200 g Apfelmus (Glas)
100 g Sahne
50 g TK-Himbeeren

ZUTATEN
für 4 Personen
ZUBEREITUNG
45 Min.
PRO PORTION
ca. 435 kcal

01 Den Backofen auf 180° vorheizen. Dabei eine ofenfeste Pfanne oder eine kleine Auflaufform in den Ofen (Mitte) stellen und mit aufheizen.

02 Inzwischen den Apfel waschen, vierteln und entkernen. Die Viertel dann in feine Scheiben schneiden. Die Haselnusskerne grob hacken.

03 Butter und Haferflocken in der heißen Pfanne vorsichtig verrühren, bis die Butter geschmolzen ist. Die Haferflocken im Ofen (Mitte) ca. 8 Min. rösten.

04 Den Haferdrink leicht erwärmen, Zimt und 2 Prisen Salz einrühren. Die Pfanne aus dem Ofen nehmen und den Haferdrink über die Flocken gießen. Die Apfelscheiben fächerförmig in der Mitte auf die Flocken legen und das Apfelmus ringsum verteilen. Die Nüsse darüberstreuen und die Haferflocken im Ofen (Mitte) in 20–25 Min. goldbraun backen.

05 Währenddessen die Sahne mit dem Handrührgerät steif schlagen. Die gebackenen Haferflocken mit der Schlagsahne garnieren, mit den tiefgekühlten Himbeeren bestreuen und warm servieren.

PORRIDGE MIT PFLAUMENKOMPOTT

Havregrød heißt dieser Frühstücksklassiker auf Dänisch. Weil er mit viel Flüssigkeit zubereitet wird, ist er wunderbar cremig. Beliebte Toppings sind wie hier Kompott und geröstete Nüsse oder frische Früchte, Granola, Joghurt oder Skyr.

PFLAUMENKOMPOTT
250 g Pflaumen
½ Zitrone
2 Nelken
1 Sternanis
50 g Zucker

PORRIDGE
150 g kernige Haferflocken
400 ml Milch (3,5 % Fett)
Salz

TOPPING
20 g Walnusskerne

ZUTATEN
für 4 Personen
ZUBEREITUNG
25 Min.
PRO PORTION
ca. 310 kcal

01 **Für das Kompott die Pflaumen waschen, halbieren, entkernen und achteln. Die Zitrone auspressen. Zitronensaft, Nelken, Sternanis, Zucker und 250 ml Wasser in einem Topf aufkochen und offen bei großer Hitze ca. 12 Min. einkochen lassen. Dann die Pflaumen zugeben und ca. 5 Min. mitkochen.**

02 **Inzwischen für den Porridge Haferflocken, Milch, 400 ml Wasser und 2 Prisen Salz in einen Topf geben. Aufkochen und zugedeckt bei kleiner Hitze 15–20 Min. unter gelegentlichem Rühren köcheln lassen.**

03 **Für das Topping die Walnüsse grob hacken und in einer Pfanne ohne Fett goldbraun rösten.**

04 **Den Porridge auf vier Schalen verteilen. Das Pflaumenkompott darauf anrichten, mit den gerösteten Nüssen bestreuen und servieren.**

TIPP

Geröstete Nüsse und Kompott lassen sich auf Vorrat zubereiten. Nüsse in einem Schraubglas aufbewahren, das Kompott in sterilisierte Twist-off-Gläser füllen und bei 90° ca. 30 Min. einkochen. So hält es sich ca. 1 Jahr.

NUMMER FEM
GIVE
Sandwiches
Salads
Coffee

50 STILKE
DOBBELTE
TULIPANER
KASTANJER
HASSELNØDDER
VALNØDDER
1/4 KILO 25
1 HELT KILO 80

SKYR MIT BEEREN UND GRANOLA

Der aus Island stammende Skyr erinnert an eine Mischung aus Magerquark und Joghurt und ist in der Foodmetropole Kopenhagen längst heimisch. Dänische Preiselbeeren und isländischer Skyr passen aber auch einfach zu gut zueinander …

GRANOLA
50 g Mandeln
50 g feine Haferflocken
2 EL Mohnsamen
2 TL Zucker
1 EL Butter

AUSSERDEM
500 g Skyr (ersatzweise Joghurt)
200 g Preiselbeeren (Glas)

ZUTATEN
für 4 Personen
ZUBEREITUNG
15 Min.
PRO PORTION
ca. 355 kcal

01 **Die Mandeln grob hacken. Mandeln, Haferflocken und Mohn in eine Pfanne geben und bei mittlerer Hitze in 3–5 Min. unter Rühren goldbraun rösten.**

02 **Die Flockenmischung dann an den Pfannenrand schieben. Den Zucker in die Pfannenmitte streuen und karamellisieren lassen. Den entstandenen Karamell sofort mit der Flockenmischung vermischen und die Butter unterrühren. Das Granola auf einem Bogen Backpapier verteilen und auskühlen lassen.**

03 **Den Skyr auf vier Gläser verteilen. Je 50 g Preiselbeeren und 2 EL Granola daraufgeben und servieren.**

TIPP

Für die Pause außer Haus das Granola getrennt verpacken und vor dem Verzehr auf den Skyr streuen. Das Granola eignet sich auch prima für den Vorrat. Einfach die doppelte Menge zubereiten und ausgekühlt in ein Twist-off-Glas füllen. Verschlossen hält es sich 1–2 Monate.

GRIESS MIT KARAMELLSAUCE

Warme, reichhaltige Frühstücke sind im Norden sehr beliebt. Wir sind ebenfalls große Fans – und nach dieser Karamellsauce geradezu süchtig … Weil sie auch zu Porridge, zu Eis und und und schmeckt, kochen wir immer ein bisschen mehr auf Vorrat.

TOPPING
125 g Heidelbeeren
50 g Walnusskerne

KARAMELLSAUCE
100 g Zucker
30 g Butter
100 g Sahne
2 Msp. gemahlene Vanille
Salz

GRIESS
400 ml Milch (3,5 % Fett)
100 g Sahne
60 g Weichweizengrieß

ZUTATEN
für 4 Personen

ZUBEREITUNG
25 Min.

PRO PORTION
ca. 520 kcal

01 Für das Topping die Heidelbeeren vorsichtig waschen und abtropfen lassen. Die Walnüsse grob hacken.

02 Für die Karamellsauce 3 EL Wasser und Zucker in einem Topf unter Rühren aufkochen, damit sich der Zucker auflösen kann. Sobald das Wasser verdunstet ist, die Hitze reduzieren und den Zucker in ca. 10 Min. karamellisieren lassen. Dabei nicht mehr rühren und darauf achten, dass der Karamell nicht zu dunkel wird, sonst schmeckt die Sauce bitter.

03 Den Karamell vom Herd nehmen und die Butter einrühren. Dann unter stetigem Rühren Sahne, Vanille und 1 Prise Salz zugeben.

04 Für den Grieß Milch und Sahne in einem Topf aufkochen. Den Grieß mit einem Schneebesen einrühren und bei sehr kleiner Hitze unter stetigem Rühren in 3–5 Min. cremig andicken lassen.

05 Den Grießbrei in vier Schalen anrichten. Je 2 EL Karamellsauce darauf verteilen, mit Heidelbeeren und Walnüssen bestreuen und servieren.

IMO5161158

RIS A LA MANDE MIT KIRSCHEN

Dieses traditionelle dänische Weihnachtsdessert gibt's bei uns nicht nur zwischen dem 24. und 26. Dezember: Was so lecker schmeckt, darf auch an anderen Tagen auf den Tisch. Und gerne zum Frühstück – als süßer Seelenschmeichler vor der Alltagshektik.

MILCHREIS
500 ml Milch (3,5 % Fett)
85 g Milchreis
50 g Zucker
4 Msp. gemahlene Vanille
150 g Sahne

TOPPING
25 g Mandelstifte

KIRSCHSAUCE
1 Glas Sauerkirschen (Abtropfgewicht 185 g)
1 ½ TL Speisestärke

ZUTATEN
für 4 Personen

ZUBEREITUNG
45 Min.

PRO PORTION
ca. 375 kcal

01 Für den Milchreis die Milch in einem Topf unter Rühren aufkochen. Reis, Zucker und Vanille einrühren und zugedeckt bei sehr kleiner Hitze ca. 30 Min. köcheln lassen. Den Milchreis dann vollständig auskühlen lassen.

02 Inzwischen für das Topping die Mandeln in einer beschichteten Pfanne ohne Fett goldgelb rösten. Herausnehmen und beiseitestellen.

03 Für die Sauce von den Kirschen 3 EL Sud abnehmen und mit der Speisestärke verrühren. Kirschen und restlichen Sud in einem Topf aufkochen. Die Stärke einrühren und 2–3 Min. köcheln lassen, bis die Sauce andickt.

04 Die Sahne mit dem Handrührgerät schlagen, bis sie fest, aber noch nicht ganz steif ist. Den Reis mit dem Handrührgerät auflockern und die Schlagsahne unterheben. Den Milchreis auf vier Glasschälchen verteilen. Die heiße Kirschsauce daraufgeben, mit den gerösteten Mandeln bestreuen und servieren.

AKTIONSDAG

ØLLEBRØD MIT SCHMAND UND BEEREN

Dieser Porridge aus Roggenbrot und Bier war früher ein typisches Arme-Leute-Essen. Heute erlebt er eine Renaissance, allerdings als Dessert. Mit Beeren oder Quitten on top schmeckt er auch als Frühstück. Und ist so reichhaltig, dass schon eine kleine Portion reicht.

PORRIDGE
½ Zitrone
125 g Roggenbrot
170 ml dunkles Bier (z. B. Stout)
30 g Zucker
¼ TL gemahlener Kardamom
½ TL Zimtpulver
Salz

TOPPING
100 g Schmand
80 g Brombeeren (ersatzweise Johannisbeeren oder TK-Beeren)

ZUTATEN
für 4 Personen

ZUBEREITUNG
15 Min.

QUELLEN
12 Std.

PRO PORTION
ca. 185 kcal

01 Für den Porridge die Zitrone auspressen. Das Brot in 5 mm große Würfel schneiden. Die Brotwürfel mit Bier, Zitronensaft, 3 EL Wasser, Zucker, Kardamom, Zimtpulver und 1 Prise Salz in einem Topf mischen und zugedeckt ca. 12 Std. (am besten über Nacht) bei Raumtemperatur quellen lassen.

02 Am nächsten Tag die Brotmischung offen langsam aufkochen. Dann bei kleiner Hitze unter Rühren weiterkochen, bis es eine cremige Masse entsteht. Dabei nach Belieben noch etwas Wasser dazugießen, damit die Brotmasse noch cremiger wird.

03 Für das Topping den Schmand glatt rühren. Die Brombeeren vorsichtig waschen und trocken tupfen. Das Øllebrød auf vier Schälchen verteilen. Je 1 EL Schmand daraufgeben, die Brombeeren daraufstreuen und warm oder kalt servieren.

SAUERTEIGWAFFELN MIT BEEREN

Waffeln zum Frühstück – für uns das Größte! Und Sauerteigwaffeln sind eine der ersten kulinarischen Entdeckungen bei unseren Kopenhagen-Besuchen. Wir kombinieren die Waffeln gerne mit säuerlichen Aromen von Beeren, Äpfeln oder Rhabarber.

WAFFELN
75 g Dinkelsauerteigansatz (vom Bäcker)
150 g Dinkelmehl (Type 630)
50 g Butter
2 Eier (L)
Salz

TOPPING
125 g Johannisbeeren (ersatzweise TK-Johannisbeeren)
30 g gehackte Haselnusskerne
150 g saure Sahne

AUSSERDEM
eckiges Waffeleisen
Öl für das Waffeleisen

ZUTATEN
für 6 Waffeln

ZUBEREITUNG
25 Min.

RUHEN
13 Std.

PRO STÜCK
ca. 320 kcal

01 Für die Waffeln den Sauerteigansatz mit 75 ml Wasser und 75 g Mehl in einer Schüssel verrühren. Dann abgedeckt ca. 12 Std. (am besten über Nacht) bei Raumtemperatur säuern lassen.

02 Am nächsten Tag die Butter schmelzen. Restliches Mehl (75 g), Eier, ½ TL Salz und geschmolzene Butter zum Teigansatz geben und mit dem Handrührgerät glatt verrühren. Den Teig abgedeckt ca. 1 Std. bei Raumtemperatur gehen lassen.

03 Inzwischen für das Topping die Johannisbeeren waschen, trocken tupfen und von den Rispen zupfen. Die Haselnüsse in einer beschichteten Pfanne ohne Fett bei mittlerer Hitze rösten, bis sie duften.

04 Das Waffeleisen vorheizen, die Backflächen dünn mit Öl einfetten. Pro Waffel 1 kleine Kelle Teig auf die untere Backfläche geben, das Eisen schließen und die Waffeln in ca. 4 Min. zartgelb backen. Herausnehmen und auf ein Kuchengitter legen. Mit dem restlichen Teig wiederholen. Saure Sahne, Beeren und Nüsse auf den Waffeln anrichten und warm servieren.

TIPP

Kein Dinkelsauerteig zur Hand? Dann verrühren Sie 1 g frische Hefe, 50 g Mehl und 25 ml Wasser. Diesen Mix wie beschrieben mit Wasser und Mehl mischen und säuern lassen. Das funktioniert auch bei den folgenden Waffeln mit Roastbeef.

SAUERTEIGWAFFELN MIT ROASTBEEF

Wenn es morgens mal deftig sein soll, gibt's die Sauerteigwaffeln einfach in ihrer herzhaften Variante. Übrigens: Statt mit Sauerteigansatz lässt sich der Teig auch mit einem Mix aus 1 g frischer Hefe, 50 g Mehl und 25 ml Wasser zubereiten.

MORGENMAD: HAPPY IN DEN TAG

WAFFELN
75 g Dinkelsauerteigansatz (vom Bäcker)
150 g Dinkelmehl (Type 630)
50 g Butter
2 Eier (L)
Salz

TOPPING
150 g Spitzkohl
Salz
¼ TL gemahlener Anis
½ Bio-Zitrone
2 EL Meerrettich (Glas)
100 g Doppelrahm-Frischkäse
18 Scheiben Roastbeef-Aufschnitt
20 g Butter
6 Eier (L)
Pfeffer

AUSSERDEM
eckiges Waffeleisen
Öl für das Waffeleisen

ZUTATEN
für 6 Waffeln

ZUBEREITUNG
50 Min.

RUHEN
13 Std.

PRO PORTION
ca. 480 kcal

01 Für die Waffeln den Sauerteigansatz mit 75 ml Wasser und 75 g Mehl in einer Schüssel verrühren. Dann abgedeckt ca. 12 Std. (am besten über Nacht) bei Raumtemperatur säuern lassen.

02 Am nächsten Tag die Butter schmelzen. Restliches Mehl (75 g), Eier, ½ TL Salz und geschmolzene Butter zum Teigansatz geben und mit dem Handrührgerät glatt verrühren. Den Teig abgedeckt ca. 1 Std. bei Raumtemperatur gehen lassen.

03 Inzwischen für das Topping den Spitzkohl putzen, waschen und in feine Streifen schneiden. Diese in einer Schüssel mit ½ TL Salz und Anis kräftig verkneten. Die Zitrone heiß abwaschen und abtrocknen. Die Schale abreiben, den Saft auspressen und beides unter den Kohl rühren. Den Kohl ca. 10 Min. ziehen lassen.

04 Meerrettich und Frischkäse verrühren. Die Roastbeefscheiben von der kurzen Seite her aufrollen. Die Butter in einer Pfanne erhitzen und die Eier darin portionsweise zu Spiegeleiern braten.

05 Das Waffeleisen vorheizen, die Backflächen dünn mit Öl einfetten. Pro Waffel 1 kleine Kelle Teig auf die untere Backfläche geben, das Waffeleisen schließen und die Waffeln in ca. 4 Min. zartgelb backen. Herausnehmen und auf ein Kuchengitter legen. Mit dem restlichen Teig wiederholen.

06 Merrettichcreme, Spitzkohl und Roastbeefröllchen auf den Waffeln anrichten. Je 1 Spiegelei darauflegen, leicht salzen, mit Pfeffer übermahlen und servieren.

AVOCADOBROT MIT POCHIERTEM EI

Zugegeben, Avocados sind nicht unbedingt nordisch. Aber da sie als Allround-Superfood Karriere gemacht haben, tauchen sie im Healthfood-affinen Kopenhagen auf vielen Speisekarten auf.

2 reife Avocados
10 Halme Schnittlauch
4 Scheiben Roggenbrot
2 TL Olivenöl (extra vergine)
4 sehr frische Eier (M)
grobes Meersalz
4 Prisen feine Chiliflocken

ZUTATEN
für 4 Personen

ZUBEREITUNG
25 Min.

PRO PORTION
ca. 380 kcal

01 Die Avocados halbieren und entsteinen. Die Hälften aus der Schale heben und in dünne Scheiben schneiden. Den Schnittlauch waschen, trocken schütteln und fein schneiden. Die Avocadoscheiben fächerartig auf die Brote legen und mit Olivenöl beträufeln.

02 In einem großen Topf (20 cm Ø) reichlich Wasser bis zum Siedepunkt erhitzen. Über einer Schüssel 1 Ei in ein feines Sieb aufschlagen. Das Wasser im Topf mit einem Kochlöffel im Uhrzeigersinn umrühren, sodass ein Strudel entsteht. Das Ei aus dem Sieb in die Mitte des Strudels gleiten lassen, zügig ein weiteres Ei in das Sieb aufschlagen und ebenfalls in den Strudel gleiten lassen. Die Eier ca. 4 Min. ziehen lassen, dabei den Strudel stets in Bewegung halten.

03 Die pochierten Eier einzeln mit einer Schaumkelle aus dem Wasser heben und auf 2 Broten anrichten. Mit den restlichen 2 Eiern wiederholen.

04 Die Avocadobrote mit je 1 Prise Salz, Chiliflocken und Schnittlauch bestreuen und servieren.

TIPP

Wer beim Pochieren auf Nummer sicher gehen will, gibt noch 4 EL Essig mit ins Pochierwasser.

FRÜHSTÜCKS-TORTILLAS

Man nehme mexikanische Tortillas, würze sie mit einer Prise nordischer Küchenkreativität und serviere sie zum Frühstück – Mix-Food wie dieses ist typisch für Kopenhagens Foodszene.

TORTILLAS

500 g festkochende Kartoffeln
8 Scheiben Frühstücksspeck (80 g)
3 TL Rapsöl
2 Handvoll Postelein (ersatzweise Feldsalat)
4 Tortillas (Maisfladen, ersatzweise Weizenfladen)
4 Eier (M)

ROTE-BETE-SALSA

150 g vorgegarte Rote Bete (Vakuumpack)
2 Schalotten
1 Avocado
25 g scharfer Meerrettich (Glas)
Salz
2 EL Apfelessig

ZUTATEN
für 4 Personen

ZUBEREITUNG
35 Min.

PRO PORTION
ca. 530 kcal

01 Für die Tortillas den Backofen auf 230° (Umluft) vorheizen, ein Backblech mit Backpapier belegen. Kartoffeln schälen und klein würfeln. Speck auf dem Blech verteilen und im Ofen (Mitte) in ca. 5 Min. knusprig braten. Vom Blech nehmen und durch Küchenpapier abtropfen lassen. Die Kartoffeln auf das Blech geben, mit dem ausgebratenen Fett und 1 TL Öl mischen und im Ofen (Mitte) in ca. 15 Min. goldbraun backen.

02 Inzwischen für die Salsa die Rote Bete sehr fein würfeln. Schalotten schälen und fein hacken. Die Avocado halbieren, entsteinen, das Fruchtfleisch aus der Schale lösen und fein würfeln. Alles vorsichtig mit Meerrettich, 1 TL Salz und Essig vermischen.

03 Den Postelein waschen und trocken schütteln. Die Tortillas nacheinander in einer beschichteten Pfanne erwärmen, herausnehmen und zugedeckt beiseitestellen. Das restliche Öl (2 TL) in der Pfanne erhitzen und die Eier darin zu Spiegeleiern braten.

04 Die Tortillas mit der Rote-Bete-Salsa bestreichen. Kartoffeln und Postelein darauf verteilen, je 1 Spiegelei darauflegen und den Speck darüberbröseln.

OMELETT MIT LACHS

Wenn wir ein herzhaftes Powerfrühstück brauchen, das super schmeckt und lange satt hält, kommt genau dieses Omelett auf den Tisch. Am liebsten zusammen mit Sauerteigwaffeln oder Roggenbrot.

¼ Bund Dill (ersatzweise 2 EL TK-Dill)
8 Radieschen mit Grün
1 kleine rote Zwiebel
200 g Lachsfilet ohne Haut
8 Eier (M)
4 TL Butter
150 g saure Sahne

ZUTATEN
für 4 Personen
ZUBEREITUNG
40 Min.
PRO PORTION
ca. 395 kcal

01 **Den Dill waschen, trocken schütteln und grob zerpflücken. Radieschen und Radieschengrün waschen. Die Radieschen putzen und in dünne Scheiben schneiden, das Grün trocken schütteln und in feine Streifen schneiden. Die Zwiebel schälen, halbieren und in feine Streifen schneiden. Den Lachs abbrausen, mit Küchenpapier trocken tupfen und fein hacken.**

02 **Den Backofen auf 80° vorheizen. In einem Rührbecher 2 Eier mit dem Schneebesen verquirlen. Eine beschichtete Pfanne bei mittlerer Hitze erwärmen. 1 TL Butter darin schmelzen, die Eiermasse hineingießen und zugedeckt bei kleiner Hitze in 8–12 Min. stocken lassen. Das Omelett dann wenden und von der anderen Seite ca. 30 Sek. braten. Herausnehmen. Ebenso noch 3 weitere Omeletts zubereiten. Fertige Omeletts auf einem Teller zwischen Backpapier im Backofen warm halten.**

03 **Die Omeletts auf vier Teller legen und die saure Sahne in Klecksen darauf verteilen. Den Lachs dazwischen anrichten. Mit Radieschenscheiben, Zwiebel, Dill und Radieschengrün bestreuen und servieren.**

TIPP

Für vegetarische Omeletts den Lachs weglassen und stattdessen mehr Radieschen verwenden. Etwas Rauchsalz gibt ihnen Tiefe und Aroma.

Admiral Hotel

FROKOST: LECKER DURCH DIE STADT

SMØRREBRØD MIT KARTOFFELN

Übersetzt heißt Smørrebrød Butterbrot. Aber mit einer einfachen Stulle haben die kunstvoll belegten Brote nur sehr entfernt etwas zu tun. Diese vegetarische Variante mit Kartoffeln ist ein echter Klassiker – unbedingt ausprobieren!

400 g festkochende Kartoffeln
1 große Zwiebel
Salz
1 Bio-Zitrone
80 g Mayonnaise
40 g Cornichons (Glas)
1 Schale Kresse
1 EL Mehl
3 EL Öl
4 Scheiben Roggenbrot
4 TL Butter

ZUTATEN
für 4 Personen
ZUBEREITUNG
35 Min.
PRO PORTION
ca. 450 kcal

01 **Die Kartoffeln waschen und in wenig Wasser zugedeckt bei mittlerer Hitze in 15–20 Min. bissfest garen. Abgießen und auskühlen lassen.**

02 **Die Zwiebel schälen und in feine Ringe schneiden. Diese mit 1 TL Salz vermengen und ca. 10 Min. ziehen lassen. Die Zitrone heiß abwaschen, abtrocknen und die Schale abreiben. Zitronenschale und Mayonnaise verrühren. Die Cornichons abtropfen lassen und längs in dünne Scheiben schneiden. Die Kresse waschen, abtropfen lassen und vom Beet schneiden.**

03 **Das ausgetretene Wasser von den Zwiebeln abgießen. Die Zwiebeln mit dem Mehl mischen, bis sie rundum überzogen sind. Das Öl in einer Pfanne erhitzen und die Zwiebeln darin bei mittlerer Hitze in ca. 10 Min. unter gelegentlichem Wenden knusprig braun braten. Durch Küchenpapier abtropfen lassen.**

04 **Die Brotscheiben mit je 1 TL Butter bestreichen und leicht salzen. Die Kartoffeln nach Belieben pellen, in Scheiben schneiden und fächerförmig darauflegen. Jeweils mittig einen Streifen Zitronenmayonnaise auftragen, Röstzwiebeln und Cornichons daneben anrichten. Mit der Kresse bestreuen und servieren.**

Nykredit

Kun for svømmere

SMØRREBRØD MIT GARNELEN

Je üppiger, desto besser – so das Motto der typisch dänischen Brotzeit. Butter gehört deshalb immer aufs Brot und meist auch Mayonnaise. Filigranes Grün wie hier die Brunnenkresse setzt dagegen einen frischen Akzent.

4 Eier (M)
80 g Mayonnaise
¼ TL grob gemahlener schwarzer Pfeffer
1 Knoblauchzehe
1 Bund Brunnenkresse (ersatzweise 1 Schale Kresse)
180 g gegarte Garnelen (küchenfertig)
1 Bio-Zitrone
4 Scheiben Roggenbrot
4 TL Butter
Salz

ZUTATEN
für 4 Personen
ZUBEREITUNG
20 Min.
PRO PORTION
ca. 440 kcal

01 Die Eier in einem Topf mit Wasser bedecken und in ca. 8 Min. hart kochen. Abgießen und in Eiswasser abkühlen lassen. Die Eier dann pellen und in dünne Scheiben schneiden (am besten mit einem Eierschneider).

02 Mayonnaise und Pfeffer verrühren. Den Knoblauch schälen, dazupressen und unterrühren. Die Brunnenkresse waschen und trocken schütteln. Die Garnelen bei Bedarf abtropfen lassen. Die Zitrone heiß abwaschen, abtrocknen und die Schale mit einem Zestenreißer in feinen Streifen abziehen.

03 Die Brotscheiben mit je 1 TL Butter bestreichen und leicht salzen. Die Eierscheiben fächerförmig darauflegen. Jeweils mittig einen Streifen Mayonnaise auftragen und die Garnelen mit dem Rücken nach oben daraufsetzen. Die Brunnenkresse dazwischenstecken, mit den Zitronenzesten bestreuen und servieren.

HUS

SMØRREBRØD MIT LACHS

In Dänemark genießt man die bunt belegten Brote gerne ganz traditionell. Doch mit der New Nordic Cuisine kommen gerade in Kopenhagen immer neue Smørrebrød-Versionen wie diese hier auf den Teller.

200 g Grünkohl
1 Bio-Zitrone
Salz
1 EL Olivenöl (extra vergine)
1 Frühlingszwiebel
6 Stängel Dill
2 EL Mayonnaise
4 Scheiben Roggenbrot
4 TL Butter
200 g Räucherlachs in Scheiben
4 EL gepickelte rote Zwiebeln

ZUTATEN
für 4 Personen
ZUBEREITUNG
15 Min.
PRO PORTION
ca. 430 kcal

01 **Den Grünkohl waschen, die Blätter vom Strunk trennen und grob zerzupfen. Die Zitrone heiß abwaschen, abtrocknen und längs halbieren. Eine Hälfte in vier Spalten schneiden, die andere Hälfte auspressen. Den Zitronensaft mit ½ TL Salz, Öl und Grünkohl in einer Schüssel gründlich vermischen.**

02 **Die Frühlingszwiebel waschen und den grünen Teil in feine Ringe schneiden (den weißen Teil anderweitig verwenden). Dill waschen, trocken schütteln und die Spitzen fein hacken. Mit der Mayonnaise verrühren.**

03 **Die Brotscheiben mit je 1 TL Butter bestreichen. Den marinierten Grünkohl darauf verteilen. Die Lachsscheiben leicht aufdrehen und mittig auf die Brote legen. Die Dillmayonnaise daraufgeben. Neben dem Lachs je 1 EL gepickelte rote Zwiebeln verteilen und 1 Zitronenspalte anrichten. Mit den Frühlingszwiebelringen bestreuen und servieren.**

TIPP

Gepickelte rote Zwiebeln sind im Handumdrehen selbst gemacht. Ein Rezept dafür finden Sie am Ende dieses Kapitels.

SICILIANSK IS

ROTE-BETE-TATAR MIT TOPINAMBUR

Tatar vom Rind ist ein dänisches Vorspeisen-Original. Welches es im trendbewussten Kopenhagen natürlich längst als vegetarische Variante mit Roter Bete gibt. Zu den erdigen Aromen der Knollen gesellen sich die frische Säure eines Apfels und der feine Crunch von Topinamburchips.

150 g vorgegarte Rote Bete (Vakuumpack)
1 ½ EL Kapern (Glas)
1 kleine rote Zwiebel
1 EL mittelscharfer Senf
Salz
75 g Crème fraîche
1 EL Meerrettich (Glas)
¼ Apfel (Granny Smith)
160 g Topinambur
750 ml Frittieröl

AUSSERDEM
Servierring (8 cm Ø)

ZUTATEN
für 4 Personen

ZUBEREITUNG
35 Min.

PRO PORTION
ca. 140 kcal

01 Rote Bete und 1 EL Kapern sehr fein hacken. Die Zwiebel schälen und in sehr feine Würfel schneiden. Rote Bete, Kapern, Zwiebel, Senf und ½ TL Salz in einer Schüssel sorgfältig verrühren.

02 Crème fraîche und Meerrettich verrühren. Den Apfel waschen, entkernen und sehr fein würfeln.

03 Den Topinambur gründlich waschen und mit einem Gemüsehobel in feine Scheiben hobeln. Das Frittieröl in einem Topf auf 180° erhitzen. Es ist heiß genug, wenn an einem hineingetauchten Holzstäbchen Bläschen aufsteigen. Die Topinamburscheiben portionsweise im heißen Öl in 3–4 Min. goldgelb frittieren. Mit einer Schaumkelle herausheben, durch Küchenpapier abtropfen lassen und mit ½ TL Salz würzen.

04 Das Rote-Bete-Tatar mit dem Servierring auf vier Tellern anrichten. Jeweils ein Viertel der Meerrettichcreme daraufgeben und mit Apfelwürfelchen und übrigen Kapern (½ EL) bestreuen. Die Topinamburchips um das Tatar streuen und servieren.

COPENHAGEN
STREET
FOOD
50 M

HALLERNES SMØRREBRØD
Fadøl 60,-
45,-
Vin 40,-
Special øl 35,-
Craft Soda 30,-
Cola og danskvand 20,-
Kildevand 35,-
Snaps
Kartoffelmad 58,-
Flæskesteg 68,-
Hønsesalat 68,-
Frikadelle 68,-
Leverpostej 62,-
Sildesalat 68,-
Fiskefilet 82,-
Marineret laks 72,-
Æg og rejer 68,-
Fiskefrikadelle 68,-
Roastb
Tatar
Rejem
Røget
Lakses

MATJES IM GLAS

Ob in der traditionellen oder jungen dänischen Küche: Matjes hat seinen festen Platz. Estragon übrigens auch. Warum? Das Kraut duftet wie eine Mischung aus Waldmeister und Anis – für die lakritzverliebten Dänen also das perfekte Würzmittel!

4 Schalotten
2 EL Butter
½ Salatgurke
400 g Matjesfilet (nach Belieben geräuchert)
10 Halme Schnittlauch
4 Stängel Estragon
300 g Schmand

AUSSERDEM
4 Gläser

ZUTATEN
für 4 Personen

ZUBEREITUNG
20 Min.

PRO PORTION
ca. 480 kcal

01 **Die Schalotten schälen und fein würfeln. Die Butter in einer Pfanne erhitzen und die Schalotten darin bei mittlerer Hitze in ca. 2 Min. glasig dünsten. In einen hohen Rührbecher füllen und auskühlen lassen.**

02 **Inzwischen die Gurke waschen, längs halbieren und die Kerne mit einem Löffel herausschaben. Die Hälften in 2–3 mm dicke Scheiben schneiden. Das Matjesfilet quer in ca. 3 cm große Stücke schneiden. Den Schnittlauch waschen, trocken schütteln und fein schneiden.**

03 **Den Estragon waschen, trocken schütteln und die Blätter abzupfen. Die Estragonblätter zu den Schalotten geben und alles mit einem Pürierstab fein mixen. Zuletzt den Schmand unterrühren.**

04 **Gurkenscheiben, Estragoncreme und Matjesstücke abwechselnd in die Gläser schichten. Mit dem Schnittlauch bestreuen und servieren.**

TIPP

Dazu schmeckt Weiß- oder Roggenbrot. Aber auch Kartoffelspalten aus dem Ofen oder Pastinakenpüree sind perfekte Beilagen.

NORDIC BOWL MIT DINKEL

Bowls sind nicht nur in Kopenhagen sehr beliebt – aber nirgendwo sonst werden sie so landestypisch und neu interpretiert wie hier. Diese herzhafte Version mit Selleriepickles und Beeren haben wir auf Kopenhagens Foodmarkets entdeckt: mmh …

200 g Dinkelkörner
Salz
150 g Crème fraîche
150 g Skyr
1 ½ EL Meerrettich (Glas)
250 g rote Johannisbeeren (ersatzweise säuerliche Äpfel)
1 Bund Radieschen
1 Frühlingszwiebel
60 g Feldsalat
120 g Selleriesalat (Fertigprodukt aus dem Glas)
1 Bio-Zitrone
1 EL Öl

ZUTATEN
für 4 Personen

ZUBEREITUNG
30 Min.

QUELLEN
12 Std.

PRO PORTION
ca. 375 kcal

01 Die Dinkelkörner in einem Topf mit 1 l kochendem Wasser übergießen und zugedeckt ca. 12 Std. (am besten über Nacht) quellen lassen. Am nächsten Tag mit ½ TL Salz aufkochen und ca. 15 Min. köcheln lassen. Dann in ein Sieb abgießen.

02 Crème fraîche, Skyr, Meerrettich und ½ TL Salz verrühren. Johannisbeeren waschen, abtropfen lassen und von den Rispen zupfen. Radieschen waschen, putzen und längs halbieren. Frühlingszwiebel putzen, waschen und schräg in feine Ringe schneiden. Feldsalat putzen, waschen und trocken schleudern. Selleriesalat in einem Sieb abtropfen lassen. Zitrone heiß abwaschen, abtrocknen und die Schale abreiben.

03 Das Öl in einer beschichteten Pfanne erhitzen. Die Radieschenhälften mit der Schnittfläche nach unten hineinlegen und bei mittlerer Hitze ca. 5 Min. bräunen. Wenden und von der zweiten Seite ca. 2 Min. braten.

04 Den gekochten Dinkel auf vier Schalen verteilen und je ein Viertel der Meerrettichcreme daraufgeben. Radieschen, Feldsalat, Selleriesalat, Johannisbeeren und Frühlingszwiebel rundum anrichten. Mit der Zitronenschale bestreuen und servieren.

TATAR MIT KARTOFFELSTAMPF

Dieses Rezept ist eine Hommage an das Restaurant »Madklubben«. Dort mischt man Kartoffelstampf mit Crème fraîche und Schnittlauch und adelt das Ganze mit Rinder-Tatar: So schmeckt für uns Kopenhagen. Das Rezept für Zwiebelpickles gibt's übrigens am Ende dieses Kapitels.

TATAR

400 g Rinderfilet
½ Zitrone
2 TL mittelscharfer Senf
Salz
2 sehr frische Eigelb (M)
30 g Kapern (Glas)
500 ml Frittieröl
80 g Mayonnaise
40 g Preiselbeeren (Glas)
¼ Bund Schnittlauch
4 EL gepickelte rote Zwiebeln
2 sehr dünne Scheiben Roggenbrot
1 TL Butter

KARTOFFELSTAMPF

500 g junge mehligkochende Kartoffeln
150 g Crème fraîche
Salz

AUSSERDEM

Servierring (8 cm Ø)

ZUTATEN

für 4 Personen

ZUBEREITUNG

50 Min.

PRO PORTION

ca. 585 kcal

01 **Für das Tatar das Fleisch trocken tupfen und sehr fein würfeln. Die Zitrone auspressen. Fleisch, Zitronensaft, Senf, 1 TL Salz und Eigelbe in einer Schüssel gründlich verkneten. Das Tatar bis zur Verwendung kühlen.**

02 **Die Kapern in einem Sieb gut abtropfen lassen. Das Frittieröl in einem kleinen Topf erhitzen. Es ist heiß genug, wenn an einem hineingetauchten Holzstäbchen Bläschen aufsteigen. Die Kapern im heißen Öl 30–60 Sek. frittieren. Mit einer Schaumkelle herausheben und durch Küchenpapier abtropfen lassen.**

03 **Mayonnaise und Preiselbeeren verrühren. Den Schnittlauch waschen, trocken schütteln und fein schneiden. Die gepickelten Zwiebeln abtropfen lassen.**

04 **Die Brotscheiben längs halbieren. Die Butter in einer Pfanne erhitzen und das Brot darin bei mittlerer Hitze von beiden Seiten in ca. 2 Min. knusprig braten. Durch Küchenpapier abtropfen lassen.**

05 **Für den Stampf die Kartoffeln gründlich waschen. In einem Topf in wenig Wasser zugedeckt bei mittlerer Hitze in ca. 25 Min. weich garen. Dann abgießen. Crème fraîche und 1 TL Salz zu den Kartoffeln geben und mit einem Kartoffelstampfer grob zerdrücken.**

06 **Das Tatar mit dem Servierring auf vier Tellern anrichten. Die Preiselbeermayonnaise daraufstreichen, die gepickelten Zwiebeln und die frittierten Kapern darauf verteilen. Je 1 Brotchip schräg in das Tatar stecken. Den Kartoffelstampf daneben anrichten, beides mit Schnittlauch bestreuen und servieren.**

FISH AND CHIPS MIT DILLSALZ

Nicht nur die Engländer können Fish and Chips, auch die Dänen. Und verfeinern die Kartoffeln – wie könnte es anders sein – auf nordische Art: mit Dillsalz.

800 g festkochende Kartoffeln
Salz
1 TL getrocknete Dillspitzen
125 g Mehl
175 ml helles Bier
1 ½ TL Backpulver
1 TL Honig
4 Kabeljaufilets ohne Haut (500 g)
Pfeffer
1,5 l Frittieröl
4 EL Crème fraîche

AUSSERDEM
Mehl zum Wenden

ZUTATEN
für 4 Personen

ZUBEREITUNG
40 Min.

PRO PORTION
ca. 510 kcal

01 **Kartoffeln schälen und in 1 cm dicke Stifte schneiden. Die Stifte in kochendem Wasser mit 1 TL Salz ca. 5 Min. garen. In ein Sieb abgießen und abtropfen lassen.**

02 **Inzwischen Dill und 1 TL Salz mischen. Mehl, Bier, Backpulver, Honig und ½ TL Salz in einer Schüssel zu einem glatten Teig verrühren. Die Schüssel in ein kaltes Wasserbad stellen und den Teig sehr kalt rühren.**

03 **Die Fischfilets abbrausen, trocken tupfen, in Mehl wenden, salzen und pfeffern. Das Öl in einer Fritteuse oder einem Topf auf 180° erhitzen. Es ist heiß genug, wenn an einem hineingetauchten Holzstäbchen Bläschen aufsteigen. Die Filets im Bierteig wenden, bis sie ganz umhüllt sind. Abtropfen lassen und im Öl ca. 2 Min. frittieren. Dann leicht aus dem Öl heben, mit einem Löffel noch etwas Bierteig auf der anfrittierten Oberfläche verteilen und die Filets weiter in ca. 3 Min. goldbraun frittieren. Durch Küchenpapier abtropfen lassen.**

04 **Die Kartoffelstifte im heißen Öl in 12–15 Min. goldbraun frittieren. Abtropfen lassen und in einer Schüssel mit dem Dillsalz mischen. Mit den Fischfilets und Crème fraîche servieren.**

HACKBÄLLCHEN MIT PILZSAUCE

Die Schweden haben sie berühmt gemacht und nennen sie Köttbullar. Frikadeller sagt man in Dänemark, wo man die Hackbällchen ebenfalls oft und gerne isst. Am allerliebsten wie hier ganz klassisch mit brauner Sauce und Preiselbeeren.

HACKBÄLLCHEN

400 g gemischte Pilze (z. B. Champignons, Kräuterseitlinge)
2 Knoblauchzehen
2 Schalotten
500 g gemischtes Hackfleisch
100 g Semmelbrösel
Salz
Pfeffer
1 ½ EL Öl
200 g Sahne
4 EL Preiselbeeren (Glas)

PASTINAKEN-POMMES

500 g Pastinaken
1 ½ EL Öl
Salz

ZUTATEN
für 4 Personen
ZUBEREITUNG
40 Min.
PRO PORTION
ca. 755 kcal

01 Für die Hackbällchen die Pilze putzen, bei Bedarf mit einem Tuch abreiben und in 1 cm große Würfel schneiden. Knoblauch schälen und sehr fein hacken. Schalotten schälen und fein würfeln. Hackfleisch, Knoblauch, Schalotten, Semmelbrösel und 1 ½ TL Salz in einer Schüssel verkneten. Die Masse kräftig mit Pfeffer abschmecken und zu 20 walnussgroßen Bällchen formen.

02 Für die Pommes den Backofen auf 230° (Umluft) vorheizen, ein Backblech mit Backpapier belegen. Die Pastinaken schälen, putzen und in bleistiftdicke Stifte schneiden. Die Stifte in einer Schüssel mit dem Öl mischen und auf dem Blech verteilen. Im Ofen (Mitte) in ca. 20 Min. knusprig braun backen, dabei einmal wenden. Die Pastinaken-Pommes mit ½ TL Salz mischen.

03 Inzwischen eine beschichtete Pfanne erhitzen und die Pilze darin ohne Fett bei großer Hitze ca. 5 Min. unter Wenden rösten, bis das austretende Wasser verdampft ist. Aus der Pfanne nehmen und beiseitestellen.

04 Das Öl in der Pfanne erhitzen und die Hackbällchen darin bei mittlerer Hitze in ca. 10 Min. rundum knusprig braten. Die Pilze zugeben, die Sahne zugießen und in 3–5 Min. cremig einkochen lassen. Die Sauce mit Salz und Pfeffer abschmecken. Hackbällchen mit Pilzsauce, Pastinaken-Pommes und je 1 EL Preiselbeeren auf vier Tellern anrichten und servieren.

De S ærke Børn

LINSENBÄLLCHEN MIT TOMATENSAUCE

In Kopenhagen gibt es die beliebten Frikadeller natürlich auch in zig vegetarischen und veganen Varianten – zum Beispiel mit Tofu und Linsen.

200 g rote Linsen
400 ml Gemüsebrühe
10 g getrocknete Steinpilze
150 g Räuchertofu
50 g feine Haferflocken
1 rote Zwiebel
3 EL Rapsöl
400 g Tomatenstücke (Dose)
3 Prisen gemahlener Wacholder
Salz
Pfeffer

ZUTATEN
für 4 Personen

ZUBEREITUNG
35 Min.

PRO PORTION
ca. 375 kcal

01 Linsen, Brühe und Pilze in einem Topf aufkochen und bei mittlerer Hitze in ca. 7 Min. bissfest garen. Inzwischen den Tofu in grobe Stücke schneiden.

02 Tofustücke und Linsen samt Garsud im Blitzhacker zu einer cremigen Masse pürieren (alternativ mit dem Pürierstab cremig mixen). Die Haferflocken unterrühren und die Masse ca. 10 Min. quellen lassen. Inzwischen die Zwiebel schälen und fein würfeln.

03 Aus der Linsenmasse mit feuchten Händen 16 walnussgroße Bällchen formen. In einer beschichteten Pfanne 2 EL Öl erhitzen und die Bällchen darin bei mittlerer Hitze in ca. 10 Min. rundum goldbraun braten.

04 Währenddessen das restliche Öl (1 EL) in einem Topf erhitzen und die Zwiebel darin ca. 2 Min. anschwitzen. Tomaten, Wacholder, ½ TL Salz und Pfeffer zugeben. Die Sauce aufkochen und ca. 8 Min. köcheln lassen. Die Linsenbällchen unterheben und servieren.

TIPP

Dazu passen Kartoffeln oder Pastinaken – gekocht, als Stampf oder Pommes. Aber auch Couscous oder Bulgur sind prima Beilagen.

HOW

HOTDOG

Das Nationalgericht der Dänen? Hotdogs natürlich! Wer's nicht glaubt, achtet beim nächsten Kopenhagen-Bummel einmal auf die vielen Imbisswägen, die nichts anderes anbieten als das: heiße Würstchen mit Zwiebel und saurer Gurke im Brötchen!

½ rote Zwiebel
4 Cornichons (Glas)
1 TL Öl
4 lange Rostbratwürste
4 Hotdog-Brötchen
4 TL mittelscharfer Senf
4 EL Ketchup
4 EL Mayonnaise
4 TL Röstzwiebeln (Fertigprodukt)

ZUTATEN
für 4 Personen
ZUBEREITUNG
10 Min.
PRO PORTION
ca. 830 kcal

01 **Die Zwiebel schälen und sehr fein hacken. Die Cornichons abtropfen lassen und längs in feine Scheiben schneiden. Das Öl in einer Pfanne erhitzen und die Bratwürste darin bei mittlerer Hitze in 5–6 Min. rundum knusprig braun braten.**

02 **Die Hotdog-Brötchen längs aufschneiden, jedoch nicht ganz durchtrennen. Die Schnittflächen mit Senf bestreichen. Die Bratwürste in die Brötchen legen und die Cornichon-Scheiben links und rechts daneben stecken. Je 1 EL Ketchup und Mayonnaise auf den Bratwürsten verteilen. Die Hotdogs mit gehackten Zwiebeln und Röstzwiebeln bestreuen, leicht zusammenklappen und servieren.**

TIPP

Hotdog-Brötchen gibt es in jedem Supermarkt zu kaufen. Viel besser schmecken sie jedoch selbst gebacken. Ein Rezept dafür finden Sie am Ende des dritten Kapitels.

HOTDOG NORDISCH

Als dänische »Capital of Food« bietet Kopenhagen zahlreiche spannende Interpretationen des Würstchen-Klassikers, sogar mit scharf eingelegtem Rhabarber. Hier eine andere sehr hippe Variante.

4 EL Skyr
2 EL Mayonnaise
1 EL Meerrettich (Glas)
300 g Rotkohl
Salz
2 EL Fruchtessig (z. B. Johannisbeeressig)
1 kleine rote Zwiebel
1 EL Öl
4 lange Rostbratwürste
4 Hotdog-Brötchen
4 EL Selleriesalat (Fertigprodukt aus dem Glas)

ZUTATEN
für 4 Personen
ZUBEREITUNG
25 Min.
PRO PORTION
ca. 745 kcal

01 **Skyr, Mayonnaise und Meerrettich verrühren. Den Rotkohl waschen und in feine Streifen schneiden oder hobeln. Die Kohlstreifen mit 1 TL Salz in eine Schüssel geben und mit den Händen ca. 5 Min. kräftig verkneten. Dann den Essig unterkneten.**

02 **Die Zwiebel schälen, halbieren und in feine Streifen schneiden. Das Öl in einer Pfanne erhitzen und die Bratwürste darin bei mittlerer Hitze in 5–6 Min. rundum knusprig braun braten.**

03 **Die Hotdog-Brötchen längs aufschneiden, jedoch nicht ganz durchtrennen. Die Schnittflächen mit der Meerrettichcreme bestreichen und den Rotkohl darauf verteilen. Je 1 Würstchen darauflegen und je 1 EL Selleriesalat daraufschichten. Mit den Zwiebelstreifen bestreuen, leicht zusammenklappen und servieren.**

TIPP

Beim Kneten des Rotkohls schützen Einweghandschuhe Ihre Hände vor Verfärbungen. Tauschen Sie den Sellerie zur Abwechslung mal gegen gepickelte rote Zwiebeln oder gepickelten Topinambur.

SUNDANCE

CORNDOGS MIT KARTOFFELSALAT

Ursprünglich kommen sie ja aus den USA. Doch da es (fast) nichts zu essen gibt, was es in Kopenhagen nicht gibt, findet man die Knusper-Würstchen auch hier. Und zwar auf dem wirklich schönsten Streetfood-Markt der Stadt: Reffen.

KARTOFFELSALAT
500 g festkochende Kartoffeln
3 cm Meerrettichwurzel
1 Bund Schnittlauch
100 ml Buttermilch
40 ml Apfelessig
Salz
1 ½ EL Honig

CORNDOGS
60 g Maismehl
60 g Roggenmehl (Type 1150)
2 TL Zucker
2 TL Backpulver
Salz
1 Ei (M)
120 ml Buttermilch
750 ml Frittieröl
4 Wiener Würstchen

ZUTATEN
für 4 Personen

ZUBEREITUNG
45 Min.

PRO PORTION
ca. 500 kcal

01 **Für den Salat die Kartoffeln waschen und in wenig Wasser zugedeckt in ca. 20 Min. weich garen. Abgießen und abkühlen lassen.**

02 **Inzwischen den Meerrettich schälen und fein raspeln. Den Schnittlauch waschen, trocken schütteln und fein schneiden. Beides mit Buttermilch, Essig und ½ TL Salz verrühren. Die Kartoffeln pellen, in Würfel schneiden und mit dem Dressing mischen.**

03 **Für die Corndogs Mais- und Roggenmehl, Zucker, Backpulver und ½ TL Salz mischen. Ei und Buttermilch in einem hohen Rührbecher mit dem Handrührgerät verquirlen. Die Mehlmischung zufügen und alles zu einem zähflüssigen Teig verrühren.**

04 **Das Frittieröl in einem hohen Topf auf 180° erhitzen. Es ist heiß genug, wenn an einem hineingetauchten Holzstäbchen Bläschen aufsteigen. Die Würstchen halbieren und längs auf Fondue- oder Holzspieße stecken. Die Würstchen in den Teig tauchen, bis sie ganz umhüllt sind und im heißen Öl ca. 3 Min. frittieren. Abtropfen lassen und nach Belieben von den Spießen ziehen. Mit dem Kartoffelsalat und nach Belieben Senf auf vier Tellern anrichten und servieren.**

Hold da helt
PAUSE
KAFFE TO GO
35

NORDIC BURGER MIT WACHOLDERSENF

Im Streetfood-Paradies Kopenhagen beißen wir gerne in saftige Burger. Für jede Menge »nordic taste« enthält unserer Grünkohl und Pfifferlinge. Noch »kopenhagischer« wird er mit Reh- statt Rinderhack.

100 g Grünkohl (ersatzweise Wirsing)
150 g Pfifferlinge (ersatzweise Champignons)
1 Schalotte
720 g Rinderhackfleisch
Salz
4 EL mittelscharfer Senf
4 Prisen gemahlener Wacholder
1 EL Öl
4 Burger-Brötchen
4 Scheiben Esrom (ersatzweise Edamer)

ZUTATEN
für 4 Personen
ZUBEREITUNG
35 Min.
PRO PORTION
ca. 660 kcal

01 Den Grünkohl waschen, trocken schütteln, die Blätter vom Strunk trennen und grob zerzupfen. Die Pfifferlinge putzen und bei Bedarf mit einem Tuch abreiben. Die Schalotte schälen und in feine Ringe schneiden. Das Hackfleisch mit ½ TL Salz würzen und zu vier Pattys (2 cm dick) formen. Die Pattys kühl stellen. Senf und Wacholder verrühren.

02 Eine beschichtete Pfanne erhitzen. Die Pfifferlinge darin ohne Fett bei großer Hitze ca. 5 Min. unter Wenden braten, bis das austretende Wasser verdampft ist und die Pilze bräunen. Öl und Schalotte zugeben und ca. 3 Min. mitbraten. Vom Herd nehmen.

03 Eine Pfanne oder Grillpfanne ohne Fett heiß werden lassen. Die Burger-Brötchen waagerecht halbieren, mit der Schnittfläche hineinlegen und in 30–60 Sek. goldbraun rösten. Herausnehmen und auf ein Brett legen.

04 Mit einem Löffelrücken eine Mulde in jedes Patty drücken. Die Pattys in die heiße Pfanne legen und bei großer Hitze pro Seite in 5–6 Min. medium braten, dabei einmal wenden. Nach dem Wenden die Käsescheiben auf die Pattys legen und schmelzen lassen.

05 Inzwischen die Schnittflächen der Brötchen mit dem Wacholdersenf bestreichen. Den Grünkohl auf den unteren Hälften verteilen, die Pattys darauflegen und die Pfifferlinge daraufschichten. Mit den Brötchendeckeln abdecken und servieren.

Sankt Paulsgade

KARTOFFELPIZZA MIT DILL

Was lange währt: Der Teig muss viele Stunden ruhen – aber dafür wird der Boden der Pizza dann so richtig schön dünn und knusprig. Perfekt für den Belag aus feinen Kartoffelscheiben und zart schmelzendem Käse!

TEIG
3 g frische Hefe
600 g Mehl
1 EL Olivenöl
15 g Salz

BELAG
500 g festkochende Kartoffeln
Salz
2 rote Zwiebeln
150 g Havarti in Scheiben (ersatzweise Emmentaler)
½ kleines Bund Dill
200 g Schmand
4 TL Honig
Pfeffer

AUSSERDEM
Mehl zum Arbeiten

ZUTATEN
für 4 Personen
ZUBEREITUNG
30 Min.
RUHEN
6 Std.
BACKEN
30 Min.
PRO PORTION
ca. 935 kcal

01 **Für den Teig die Hefe in einer Rührschüssel in 340 ml Wasser auflösen. Mehl, Öl und Salz zugeben und alles mit den Knethaken des Handrührgeräts auf höchster Stufe in ca. 5 Min. zu einem glatten Teig verkneten. Den Teig zu einer Kugel formen und abgedeckt ca. 4 Std. gehen lassen.**

02 **Inzwischen für den Belag die Kartoffeln gründlich waschen und mit einem Gemüsehobel in feine Scheiben hobeln. Reichlich Wasser in einem Topf aufkochen, kräftig salzen und die Kartoffelscheiben darin ca. 5 Min. blanchieren. In ein Sieb abgießen und gut abtropfen lassen. Die Zwiebeln schälen, halbieren und in Ringe schneiden. Den Käse in feine Streifen schneiden. Den Dill waschen, trocken schütteln und die Spitzen grob hacken.**

03 **Den Teig vierteln und wieder zu Kugeln formen. Diese mit etwas Abstand auf ein bemehltes Backblech setzen, mit einem zweiten Blech umgekehrt abdecken und erneut ca. 2 Std. gehen lassen.**

04 **Den Backofen auf 250° vorheizen, zwei Backbleche mit Backpapier belegen. Die Teigkugeln auf der bemehlten Arbeitsfläche mit den Händen von der Mitte aus zu Kreisen (ca. 20 cm Ø) ausziehen.**

05 **Die Böden vorsichtig auf die Bleche legen und mit Schmand bestreichen. Kartoffeln und Zwiebeln darauf verteilen, mit je 1 TL Honig beträufeln und mit Käse bestreuen. Nacheinander im Ofen (Mitte) in ca. 15 Min. goldbraun backen. Herausnehmen, mit Dill, Pfeffer und Salz bestreuen und servieren.**

GERSTENGRAUPEN-RISOTTO

Frisches Grün ziert viele Gerichte in den Restaurants von Kopenhagen, denn in Sachen Aroma und Textur bildet es einen wunderbaren Kontrast zu allem Deftig-Kräftigen. Die Kresse auf unserem Gerstengraupen-Risotto ist also weit mehr als grüne Deko …

700 ml Gemüsefond (ersatzweise Gemüsebrühe)
250 g Gerstengraupen
150 g TK-Erbsen
2 Schalotten
1 Knoblauchzehe
200 g Ziegenweichkäse
2 Schalen Kresse
4 EL Rapsöl
100 ml trockener Weißwein
Salz
Pfeffer

ZUTATEN
für 4 Personen

ZUBEREITUNG
30 Min.

QUELLEN
12 Std.

PRO PORTION
ca. 510 kcal

01 **Den Fond in einem Topf aufkochen. Dann den Herd ausschalten, die Graupen hineingeben und ca. 12 Std. (am besten über Nacht) zugedeckt quellen lassen.**

02 **Am nächsten Tag die Erbsen in ein Sieb geben und über einer Schüssel antauen lassen. Schalotten schälen und fein würfeln. Knoblauch schälen und sehr fein hacken. Käse grob würfeln. Kresse waschen, trocken schütteln und vom Beet schneiden. Die Graupen in ein Sieb abgießen, dabei den restlichen Fond auffangen.**

03 **Das Öl im Topf erhitzen, Zwiebel und Knoblauch darin in ca. 1 Min. glasig dünsten. Die Graupen zugeben und ca. 1 Min. anschwitzen. Mit dem Wein ablöschen und diesen bei mittlerer Hitze unter Rühren einkochen lassen. Den aufgefangenen Fond zugießen und die Graupen unter Rühren kochen lassen, bis sie die Flüssigkeit fast vollständig aufgesogen haben.**

04 **Die Erbsen zugeben und ca. 3 Min. mitkochen. Zuletzt den Käse unterheben und den Risotto mit Salz und Pfeffer abschmecken. Den Risotto in vier Schalen anrichten, mit der Kresse bestreuen und servieren.**

P. BERG
SEIL FLAG OG COMPASMAGER

TOPINAMBURSUPPE MIT GRÜNKOHL

Samtig-cremige Suppe trifft knusprige Chips – das Prinzip ist nicht neu. Wenn aber nussiger Topinambur und herber Grünkohl ins Spiel kommen, bekommt das Ganze einen ganz neuen Dreh. Typisch Kopenhagen!

GRÜNKOHLCHIPS
150 g Grünkohl
2 EL Rapsöl
Salz

SUPPE
200 g mehligkochende Kartoffeln
400 g Topinambur
1 Zwiebel
25 g Butter
600 ml Geflügelfond (ersatzweise Geflügelbrühe)
100 ml trockener Weißwein
100 g Sahne
Salz
Pfeffer

ZUTATEN
für 4 Personen
ZUBEREITUNG
40 Min.
PRO PORTION
ca. 275 kcal

01 Für die Grünkohlchips den Backofen auf 120° (Umluft) vorheizen, ein Backblech mit Backpapier belegen. Den Grünkohl waschen, trocken schütteln, die Blätter vom Strunk trennen und grob zerzupfen. Mit dem Öl mischen, auf dem Backblech verteilen und im Ofen (Mitte) in ca. 25 Min. kross rösten. Dabei einen Holzlöffelstiel in die Ofentür klemmen, damit die Feuchtigkeit entweichen kann. Die Grünkohlchips aus dem Ofen nehmen und salzen.

02 Inzwischen für die Suppe Kartoffeln schälen, Topinambur gründlich waschen. Beides in 1 cm große Stücke schneiden. Zwiebel schälen und fein hacken.

03 Die Butter in einem Topf erhitzen und die Zwiebel darin bei mittlerer Hitze in ca. 1 Min. glasig dünsten. Kartoffeln und Topinambur ca. 1 Min. mitrösten. Fond und Wein zugießen, aufkochen und das Gemüse zugedeckt bei mittlerer Hitze in ca. 15 Min. weich garen.

04 Die Sahne zugießen und die Suppe cremig pürieren. Die Suppe zuletzt mit ½ TL Salz und Pfeffer abschmecken und in vier Schalen anrichten. Mit den Grünkohlchips garnieren und servieren.

TIPP

Lassen Sie die Grünkohlchips im Ofen nicht zu dunkel werden. Sie schmecken sonst bitter.

penge
Fredag
Fredag
DANMARKS

CINEMAXX

KÄSESANDWICH MIT GEPICKELTEM FENCHEL

Der ganze Geschmack von Kopenhagen in einem Sandwich: Buttrige Avocado trifft auf süßsauer eingelegten Fenchel zwischen saftigen Roggenbrotscheiben, am besten selbst gebacken. Das Rezept dafür finden Sie im letzten Kapitel.

GEPICKELTER FENCHEL
1 mittelgroßer Fenchel (300 g)
150 ml Apfelessig
3 EL Zucker
Salz

SANDWICH
1 Bio-Zitrone
60 g weiche Salzbutter
1 Handvoll Pflücksalat (ersatzweise Wildkräutersalat)
1 Avocado
1 kleine rote Zwiebel
8 Scheiben Roggenbrot
4 Scheiben Havarti (ersatzweise Gouda)

ZUTATEN
für 4 Personen
ZUBEREITUNG
25 Min.
PRO PORTION
ca. 600 kcal

01 Für die Pickles den Fenchel waschen, putzen und mit einem Gemüsehobel längs in feine Scheiben hobeln. Essig, Zucker und 1 TL Salz in einem Topf aufkochen. Den Fenchel zugeben und offen bei kleiner Hitze ca. 5 Min. köcheln lassen. Vom Herd nehmen und auskühlen lassen. Dann 120 g gepickelten Fenchel für das Sandwich abnehmen. Den Rest samt Sud in ein sterilisiertes Twist-off-Glas füllen und kühlen.

02 Für das Sandwich die Zitrone heiß abwaschen, abtrocknen und die Schale abreiben. Die Zitronenschale mit der Butter verrühren. Den Salat waschen und trocken schleudern. Die Avocado halbieren und entsteinen. Die Hälften mit einem Esslöffel aus der Schale heben und längs in dünne Scheiben schneiden. Die Zwiebel schälen und in feine Ringe schneiden.

03 Die Brotscheiben mit der Zitronenbutter bestreichen. Dann 4 Brote mit Salat, Käse, Zwiebel, gepickeltem Fenchel und Avocado belegen. Mit den restlichen Broten abdecken und servieren.

STAD AMSTERDAM

SALAT MIT BROT-CRUNCH

Ernährung ist Lifestyle – für Kopenhagen gilt das ganz besonders. Daher sind hier vegane Gerichte wie dieser bunte Salat eher die Regel als die Ausnahme. PS: Das Rezept für die Zwiebelpickles finden Sie am Ende dieses Kapitels.

120 g Wildkräutersalat (ersatzweise Rucola oder Postelein)
1 kleines Bund Radieschen mit Grün
2 EL Olivenöl
100 g Roggenbrot
1 Avocado
30 g Rauchmandeln
2 EL gepickelte rote Zwiebeln
¼ TL gemahlener Kardamom
Salz

ZUTATEN
für 4 Personen
ZUBEREITUNG
25 Min.
PRO PORTION
ca. 270 kcal

01 **Den Salat vorsichtig waschen und trocken schleudern. Radieschen samt Grün waschen. Die Radieschen putzen und halbieren, 1 kleine Handvoll Radieschenblätter in feine Streifen schneiden.**

02 **In einer beschichteten Pfanne 1 EL Öl erhitzen. Die Radieschen mit der Schnittfläche hineinlegen und bei mittlerer Hitze ca. 5 Min. braten. Wenden und von der zweiten Seite ca. 2 Min. braten. Inzwischen das Brot in 5 mm große Würfel schneiden. Die Radieschen aus der Pfanne nehmen und mit Salat und Radieschenblätterstreifen in eine Schüssel geben. Die Brotwürfel in der Pfanne rundum goldbraun rösten.**

03 **Die Avocado halbieren und entsteinen. Die Hälften mit einem Esslöffel aus der Schale heben und längs in dünne Scheiben schneiden. Die Salzmandeln grob hacken. Die gepickelten Zwiebeln abtropfen lassen, dabei 2 EL Zwiebelsud auffangen.**

04 **Restliches Öl (1 EL), Kardamom, Zwiebelsud und ¼ TL Salz zu einem Dressing verrühren. Dressing und Salat mischen und auf vier Schalen verteilen. Zwiebelpickles, Avocado, Salzmandeln und geröstete Brotwürfel darauf anrichten und servieren.**

CARLSBORG

OBEY
AMPLIFY Your VOICE
PROTECTS FREE SPEECH

ROTE-BETE-SALAT MIT HÄHNCHEN

Kopenhagen to go: Dieser Salat eignet sich perfekt zum Mitnehmen ins Büro. Apfel, Postelein und Kürbiskerne dann am besten separat einpacken und erst ganz kurz vor dem Servieren auf den Salat streuen.

SALAT

300 g Weizenkörner (ersatzweise Dinkelkörner)
1 Frühlingszwiebel
500 g vorgegarte Rote Bete (Vakuumpack)
1 Apfel (Granny Smith)
150 g Postelein (ersatzweise Feldsalat)
60 g Kürbiskerne
300 g Hähnchenbrustfilet
2 EL Öl

DRESSING

1 Bio-Zitrone
200 ml Buttermilch
1 EL mittelscharfer Senf
1 EL Honig
Salz

ZUTATEN
für 4 Personen

ZUBEREITUNG
30 Min.

QUELLEN
12 Std.

PRO PORTION
ca. 585 kcal

01 Für den Salat die Weizenkörner in einem Topf mit 1,5 l kochendem Wasser übergießen und zugedeckt ca. 12 Std. (am besten über Nacht) quellen lassen. Am nächsten Tag aufkochen und ca. 15 Min. köcheln lassen. In ein Sieb abgießen und auskühlen lassen.

02 Inzwischen die Frühlingszwiebel putzen und waschen. Weißen und grünen Teil getrennt in feine Ringe schneiden. Rote Bete in 1 cm große Würfel schneiden. Apfel waschen, entkernen und ebenfalls 1 cm groß würfeln. Postelein putzen, waschen und trocken schleudern.

03 Die Kürbiskerne in einer Pfanne ohne Fett bei mittlerer Hitze 5–8 Min. unter Rühren rösten, bis sie duften und aufpoppen. Abkühlen lassen und grob hacken.

04 Das Hähnchenfilet trocken tupfen. Das Öl in der Pfanne erhitzen und das Filet darin pro Seite ca. 2 Min. scharf anbraten. Dann zugedeckt bei mittlerer Hitze je nach Dicke pro Seite in 3–4 Min. gar ziehen lassen.

05 Währenddessen für das Dressing die Zitrone heiß abwaschen und abtrocknen. Die Schale abreiben, den Saft auspressen. Beides mit Buttermilch, Senf, Honig und 1 TL Salz verrühren. Dressing, Weizenkörner, weiße Frühlingszwiebelringe und Rote Bete mischen.

06 Den Salat auf vier Teller verteilen. Das Filet quer in ca. 1 cm breite Streifen schneiden. Filetstreifen, Postelein und Apfelwürfel auf dem Salat anrichten. Mit den gehackten Kürbiskernen und dem Frühlingszwiebelgrün bestreuen und servieren.

OPERAEN

GEMÜSEPICKLES

In Kopenhagen wird fleißig gepickelt – also süßsauer eingelegt. Unsere Lieblingspickles: siehe unten. Sie schmecken auf Brot, in Burger und Wrap oder auch mal im Salat. Im Kühlschrank bleiben sie bis zu 4 Wochen frisch.

GEPICKELTE ROTE ZWIEBELN
3 rote Zwiebeln
100 ml Apfelessig
75 g Zucker
Salz

GEPICKELTER TOPINAMBUR
250 g Topinambur
Salz
125 ml Apfelessig
2 TL Zucker
¼ TL gemahlener Kardamom

GEPICKELTE GURKE
250 g Salatgurken
Salz
100 ml Apfelessig
1 EL Honig

ZUTATEN
für je 1 Twist-off-Glas (à 400 ml)

ZUBEREITUNG
je 20 Min.

PRO PORTION
(30 g) ca. 45 kcal (Zwiebeln)

01 Für die Zwiebelpickles die Zwiebeln schälen und in feine Ringe schneiden. Die Zwiebelringe mit Essig, 50 ml Wasser, Zucker und 1 TL Salz in einem Topf aufkochen. Den Herd ausschalten und die Zwiebeln mind. 10 Min. ziehen lassen. Dann mit dem Sud in das sterilisierte Glas füllen und sofort verschließen.

02 Für die Topinamburpickles den Topinambur waschen und in feine Scheiben hobeln. Die Scheiben mit 2 TL Salz in einer Schüssel mischen und ca. 10 Min. ziehen lassen. Inzwischen Essig, 50 ml Wasser, Zucker und Kardamom in einem Topf erhitzen, bis sich der Zucker auflöst. Den Topinambur gut ausdrücken und in das sterilisierte Glas füllen. Mit dem heißen Sud übergießen und sofort verschließen.

03 Für die Gurkenpickles die Salatgurken waschen, halbieren, entkernen und in Scheiben schneiden. Mit 2 TL Salz in einer Schüssel vermischen und ca. 10 Min. ruhen lassen. Dann mit den Händen gut ausdrücken und in das sterilisierte Glas füllen. Essig, Honig und 50 ml Wasser gut verrühren. Die Gurken damit übergießen, bis sie vollständig bedeckt sind. Bei Bedarf noch etwas Wasser zugießen. Das Glas verschließen.

CAFÈ
BIKES
SHOP
Coffee - Wine - Beers
Food - Snacks - Cakes
Custom Bikes - Tokyobikes
Saddles - Helmets - Lights
Ass Savers - Bike Balls
Bicycle Shirts - Sneakers
Backpacks - Bicycle Socks
Buy Bikes - Rent Bikes
Follow us on:
f @wecyclecph
W
COPENHAGEN
CAFÉ · BIKES · SHOP

BAGE:

KOPENHAGEN

OFENFRISCH

ZIMTKNOTEN

Wenn wir an Kopenhagen denken, haben wir sofort den unwiderstehlichen Geschmack von Kanelsneglen auf der Zunge … Gegen kulinarisches Fernweh backen wir dann diese superleckeren Zimtknoten.

TEIG
2 Eier (M)
21 g frische Hefe (½ Würfel)
180 ml Milch (3,5 % Fett)
425 g Mehl
30 g Zucker
1 Pck. Vanillezucker
60 g weiche Butter
Salz

FÜLLUNG
100 g weiche Butter
70 g Zucker
1 EL Zimtpulver
1 TL gemahlener Kardamom

AUSSERDEM
Mehl zum Arbeiten
2 EL Milch (3,5 % Fett)

ZUTATEN
für 20 Stück

ZUBEREITUNG
45 Min.

RUHEN
13 Std.

BACKEN
50 Min.

PRO STÜCK
ca. 175 kcal

01 Für den Teig 1 Ei trennen, das Eigelb abgedeckt kühlen. Die Hefe in einer Rührschüssel in der Milch auflösen. Mehl, Zucker, Vanillezucker, Butter, 1 ½ TL Salz, Eiweiß und zweites Ei zugeben. Alles mit den Knethaken des Handrührgeräts in ca. 10 Min. zu einem glatten Teig verkneten. Diesen zu einer Kugel formen und abgedeckt im Kühlschrank ca. 12 Std. (am besten über Nacht) ruhen lassen.

02 Am nächsten Tag für die Füllung Butter, Zucker, Zimt und Kardamom mit dem Handrührgerät cremig rühren.

03 Zwei Backbleche mit Backpapier belegen. Den Teig auf der bemehlten Arbeitsfläche mit einem Messer kreuzweise einschneiden. Die Ecken nach außen klappen, leicht bemehlen und den Teig zu einem Rechteck (30 × 50 cm) ausrollen.

04 Die beiden linken Teigdrittel mit der Würzbutter bestreichen. Dann das unbestrichene Drittel nach links schlagen und das äußere bestrichene Drittel nach rechts darüberklappen. Den gefalteten Teig um 90° drehen, leicht bemehlen und wieder zu einem Rechteck (30 × 50 cm) ausrollen. Den Teig längs halbieren und jede Hälfte quer in 10 Streifen (3 × 25 cm) schneiden. Die Streifen in sich verdrehen, um zwei Finger zu Knoten schlingen und das Ende nach unten einschlagen. Die Knoten mit etwas Abstand auf die Bleche legen und abgedeckt ca. 1 Std. gehen lassen.

05 Den Backofen auf 180° vorheizen. Übriges Eigelb und 2 EL Milch verquirlen und die Knoten mit der Hälfte davon bestreichen. Nacheinander im Ofen (Mitte) in je 20–25 Min. goldbraun backen. Noch heiß mit der restlichen Eigelbmilch bestreichen und abkühlen lassen.

KOGEBOGERIET
(THE COOKBOOKERY)
BRUNCH, CAKE,
& COOKBOOKS

ROGGENBROT

Der würzige Duft, der aus dem Ofen strömt, das kribbelige Glücksgefühl, wenn man die erste Scheibe abschneidet – nur zwei Gründe, warum wir Sauerteigbrot selbst backen. Der dritte: Mit dem saftigen Roggenbrot starten wir jeden Morgen »hyggelig« in den Tag!

100 g Roggensauerteigansatz (vom Bäcker)
900 g Vollkorn-Roggenmehl
Salz

AUSSERDEM
Brotbackform (28 cm lang)
1 TL Butter
Vollkorn-Roggenmehl zum Bestäuben

ZUTATEN
für 1 Brot (24 Scheiben)

ZUBEREITUNG
15 Min.

RUHEN
13 Std.

BACKEN
1 Std. 15 Min.

PRO SCHEIBE
ca. 120 kcal

TIPP

Das Brot gelingt in einer Brotbackform perfekt. Die Seiten dieser speziellen Kastenform laufen nach unten nicht konisch zu. Nach dem Auskühlen lässt sich das Brot prima für den Vorrat tiefkühlen.

01 Den Sauerteigansatz mit 400 g Mehl und 400 ml Wasser in einer Rührschüssel gründlich verrühren. Dann abgedeckt ca. 12 Std. (am besten über Nacht) bei Raumtemperatur säuern lassen.

02 Am nächsten Tag restliches Mehl (500 g), 450 ml Wasser und 1 EL Salz zum Sauerteigansatz geben. Alles mit den Knethaken des Handrührgeräts in ca. 10 Min. zu einem zähflüssigen Teig verkneten.

03 Die Form mit Butter einfetten. Den Teig einfüllen, glatt streichen, mit etwas Mehl bestäuben und abgedeckt ca. 1 Std. bei Raumtemperatur gehen lassen.

04 Den Backofen auf 250° vorheizen. Dabei eine ofenfeste Schale auf den Ofenboden stellen und mit aufheizen. Das Brot auf den Ofenrost (unten) stellen, 150 ml kochendes Wasser in die Schale gießen und die Ofentür sofort schließen. Das Brot ca. 1 Std. backen, dabei nach ca. 5 Min. die Temperatur auf 200° reduzieren und nach ca. 15 Min. die Wasserschale herausnehmen. Nach Ende dieser Backzeit das Brot aus der Form lösen, auf den Rost setzen und in weiteren ca. 15 Min. fertig backen. Auf dem Rost auskühlen lassen.

BDT.
58,-

GULERODSKAGE

Liest sich wie ein Zungenbrecher, ist in Dänemark aber ein rund ums Jahr beliebter Klassiker: saftiger Möhrenkuchen mit einem cremigen Frischkäse-Frosting. Macht optisch schwer was her, ist aber schnell und einfach zubereitet. Und schmeckt einfach mmh …

TEIG
500 g Möhren
75 g Walnusskerne
150 g Butter
200 g Zucker
4 Eier (M)
2 TL Backpulver
1 TL Zimtpulver
Salz
150 g Mehl

FROSTING
200 g Doppelrahm-Frischkäse
75 g Puderzucker
2 EL Zitronensaft
1 TL gemahlene Vanille
30 g Pistazienkerne (ungesalzen)

AUSSERDEM
Springform (24 cm Ø)
Butter für die Form

ZUTATEN
für 1 Kuchen (12 Stücke)
ZUBEREITUNG
20 Min.
BACKEN
45 Min.
PRO STÜCK
ca. 320 kcal

01 Den Backofen auf 170° vorheizen, die Form mit Butter einfetten. Für den Teig die Möhren schälen und fein raspeln. Die Walnüsse grob hacken.

02 Butter und Zucker mit dem Handrührgerät cremig rühren. Die Eier einzeln einrühren, bis eine luftig-schaumige Masse entstanden ist. Backpulver, Zimt und ½ TL Salz gründlich unterrühren. Das Mehl portionsweise vorsichtig unter die Masse rühren. Zuletzt Möhren und Walnüsse mit einem Teigspatel unterheben.

03 Den Teig in die Form füllen und im Backofen (Mitte) ca. 45 Min. backen. Den Kuchen aus dem Ofen nehmen und lauwarm abkühlen lassen. Dann aus der Form lösen und auf einem Kuchengitter ganz auskühlen lassen.

04 Inzwischen für das Frosting Frischkäse, Puderzucker, Zitronensaft und Vanille verrühren. Die Creme auf den Kuchen streichen. Die Pistazien fein hacken und auf das Frosting streuen. Den Kuchen gekühlt servieren.

TIPP

Verwenden Sie für das Frosting unbedingt einen sehr festen Frischkäse, sonst wird die Creme zu flüssig.

MINI-CITRONMÅNE

Die Küchlein heißen übersetzt »Zitronenmonde«. Gelb und rund wie der Erdtrabants schmücken sie jede Kaffeetafel und schmecken traumhaft gut. Ein bisschen nach Zitrone, ein bisschen nach Marzipan – und ganz intensiv nach Kopenhagen!

2 Bio-Zitronen
250 g weiche Butter
2 Pck. Vanillezucker
275 g Puderzucker
175 g Zucker
5 Eigelb (M)
4 Eier (M)
190 g Mehl
65 g Maismehl
150 g Marzipanrohmasse

AUSSERDEM
12er-Muffinform
Butter für die Form

ZUTATEN
für 12 Stück

ZUBEREITUNG
25 Min.

KÜHLEN
30 Min.

BACKEN
30 Min.

PRO STÜCK
ca. 515 kcal

01 Die Zitronen heiß abwaschen und abtrocknen. Von 1 Frucht die Schale abreiben und den Saft auspressen. 200 g Butter grob würfeln. Butterstücke, Vanillezucker, 125 g Puderzucker und 100 g Zucker mit dem Handrührgerät in ca. 4 Min. cremig rühren. Eigelbe und 3 Eier einzeln einrühren. Beide Mehlsorten mischen, mit Zitronensaft und -schale unterrühren.

02 Den Backofen auf 190° vorheizen, die Muffinform einfetten. Das Marzipan grob würfeln. Mit restlichem Zucker (75 g) und übriger Butter (50 g) mit dem Handrührgerät luftig aufschlagen. Das übrige Ei einrühren.

03 Beide Teige vermischen und in die Mulden der Form füllen. Im Ofen (Mitte) in 25–30 Min. goldbraun backen. Herausnehmen und ca. 30 Min. abkühlen lassen. Die Küchlein dann aus der Form lösen und auf einem Kuchengitter ganz auskühlen lassen.

04 Inzwischen die Schale der übrigen Zitrone mit einem Zestenreißer in Streifen abziehen und trocknen lassen. 2 EL Saft auspressen und mit dem restlichen Puderzucker (150 g) verrühren. Die Glasur auf den Küchlein verteilen und die Zesten daraufstreuen.

SCHOKOSCHNECKEN MIT ZIMT

Dänemark ist weltweit bekannt für süßes Gebäck, vor allem für Plunder in unterschiedlichsten Varianten. Dieser Plunderteig ist darum nicht nur die Basis für Schokoschnecken, sondern auch für die nachfolgenden Spandauer und Tebirkes.

PLUNDERTEIG
2 Eier (L)
10 g frische Hefe
200 ml Milch (3,5 % Fett)
500 g Weizenmehl (Type 405 oder 550)
300 g weiche Butter
10 g Salz

FÜLLUNG
100 g Zartbitter-Schokolade (70 % Kakaogehalt)
40 g Zucker
1 EL Zimtpulver

AUSSERDEM
Mehl zum Arbeiten
2 EL Milch

ZUTATEN
für 20 Stück
ZUBEREITUNG
1 Std.
RUHEN
13 Std.
BACKEN
50 Min.
PRO STÜCK
ca. 255 kcal

01 Für den Teig 1 Ei trennen und das Eigelb abgedeckt kühlen. Die Hefe in einer Rührschüssel in der Milch auflösen. Mehl, 50 g Butter, Salz, Eiweiß und das zweite Ei zugeben. Alles mit den Knethaken des Handrührgeräts in ca. 10 Min. zu einem glatten Teig verkneten. Diesen zu einer Kugel formen und abgedeckt im Kühlschrank ca. 12 Std. (am besten über Nacht) ruhen lassen.

02 Den Teig auf der bemehlten Arbeitsfläche kreuzweise einschneiden. Die Ecken nach außen klappen, leicht bemehlen und den Teig mit einem Nudelholz zu einem Rechteck (30 × 50 cm) ausrollen.

03 Die restliche Butter (250 g) in 5 mm dicke Scheiben schneiden und die beiden rechten Teigdrittel damit belegen. Das ungebutterte Drittel nach rechts schlagen und den eingeschlagenen Teig weiter nach rechts über das letzte gebutterte Drittel klappen. Den gefalteten Teig um 90° drehen. Die offenen Teigseiten leicht andrücken, dünn mit Mehl bestreuen und wieder zu einem Rechteck (30 × 50 cm) ausrollen. Das Falten noch dreimal wiederholen und mit einem ausgerollten Rechteck von 50 × 40 cm enden.

04 Für die Füllung die Schokolade grob hacken. Zucker und Zimt mischen und auf den Teig streuen. Dann die Schokostücke darauf verteilen.

05 Zwei Backbleche mit Backpapier belegen. Den Teig halbieren (25 × 40 cm) und jede Hälfte in 10 Streifen (25 × 4 cm) schneiden. Die Streifen zu Schnecken aufrollen, mit etwas Abstand auf die Bleche legen und abgedeckt 45–60 Min. gehen lassen.

06 Den Backofen auf 180° vorheizen. Übriges Eigelb und 2 EL Milch verquirlen und die Schokoschnecken damit bestreichen. Nacheinander im Ofen (Mitte) in je ca. 25 Min. knusprig braun backen.

SPANDAUER

Wenn wir in Kopenhagen sind, zieht es uns magisch in jede Bäckerei: zu verführerisch, was dort in den Auslagen liegt. Immer dabei: Vanilleplunder, der absolute Klassiker. Der Teig ist übrigens der gleiche wie bei den Schokoschnecken auf Seite 156.

1 Pck. Vanillepuddingpulver (zum Kochen)
4 EL Zucker
400 ml Milch (3,5 % Fett)
1 Rezept Plunderteig (fertig zubereitet)

AUSSERDEM
1 Eigelb (M)
2 EL Milch (3,5 % Fett)

ZUTATEN
für 16 Stück
ZUBEREITUNG
30 Min.
RUHEN
1 Std.
BACKEN
50 Min.
PRO STÜCK
ca. 140 kcal

01 **Puddingpulver, Zucker und 6 EL Milch in einer Schüssel mit einem Schneebesen glatt verrühren. Die restliche Milch (340 ml) in einem Topf aufkochen. Dann das angerührte Puddingpulver in die kochende Milch einrühren, bis sie cremig andickt. Den Topf vom Herd nehmen und den Pudding in ca. 10 Min. lauwarm abkühlen lassen. Dabei regelmäßig umrühren, damit sich keine Haut an der Oberfläche bildet.**

02 **Zwei Backbleche mit Backpapier belegen. Den fertig zubereiteten Plunderteig auf eine Größe von 50 × 50 cm ausrollen und in 16 Quadrate schneiden. Die Ecken der Quadrate zur Mitte einschlagen, andrücken und den Pudding in der Mitte verteilen. Die Plunder mit etwas Abstand auf die Bleche legen und abgedeckt 45–60 Min. gehen lassen.**

03 **Den Backofen auf 180° vorheizen. Eigelb und 2 EL Milch verquirlen und die Ränder der Quadrate damit bestreichen. Die Plunder im Ofen (Mitte) nacheinander in je ca. 25 Min. goldbraun backen. Herausnehmen und abkühlen lassen.**

TEBIRKES

Mohn und Marzipan sind die Zauberzutaten für diese zartblättrigen und sündhaft süßen Plunder. Grundlage des Gebäcks ist wieder der Teig der Schokoschnecken auf Seite 156 – auch er eine Geheimzutat für den Geschmack von Kopenhagen.

100 g Marzipanrohmasse
100 g weiche Butter
100 g Puderzucker
1 Rezept Plunderteig (fertig zubereitet)
1 Eigelb (M)
2 EL Milch (3,5 % Fett)
3 EL Mohn

ZUTATEN
für 10 Stück

ZUBEREITUNG
20 Min.

RUHEN
1 Std.

BACKEN
50 Min.

PRO STÜCK
ca. 335 kcal

01 Das Marzipan grob raspeln, die Butter in Stücke schneiden. Dann beides mit dem Puderzucker in einer Schüssel zu einer glatten Masse verkneten.

02 Zwei Backbleche mit Backpapier belegen. Den fertig zubereiteten Plunderteig zu einem Rechteck (30 × 50 cm) ausrollen. Die beiden unteren Teigdrittel mit der Marzipanbutter bestreichen. Das unbestrichene Drittel nach unten schlagen, dann das letzte untere Drittel nach oben darüberklappen. Den gefalteten Teig längs in 10 Stücke (10 × 5 cm) schneiden. Die Plunder mit etwas Abstand auf die Bleche legen und abgedeckt 45–60 Min. gehen lassen.

03 Den Backofen auf 180° vorheizen. Eigelb und Milch verquirlen. Die Plunder damit bestreichen und mit Mohn bestreuen. Nacheinander im Ofen (Mitte) in je ca. 25 Min. goldbraun backen. Herausnehmen und auf dem Blech abkühlen lassen. Warm oder kalt servieren.

TIPP

Beim Backen tritt ein Teil der Marzipanbutter aus den Plundern aus und bildet eine zarte Karamellkruste.

14
78

BØRN
Børn er meget

HIMBEERSCHNITTEN

Süß, süßer, Himbeerschnitten: In Kopenhagen werden sie mit einer dicken Zitronenglasur überzogen und dann meist noch mit bunten Zuckerstreuseln bestreut. Bei unseren Schnitten sorgen Pistazien und Himbeeren für den Crunch. Oder auch mal Kokosraspel oder Zartbitter-Schokolade.

100 g Butter
2 Eigelb (M)
200 g Mehl
75 g gemahlene Mandeln
100 g Puderzucker
Salz
1 EL Zitronensaft
10 g gefriergetrocknete Himbeeren
20 g Pistazienkerne (ungesalzen)
100 g Himbeerfruchtaufstrich (Glas)

AUSSERDEM
Mehl zum Arbeiten

ZUTATEN
für 10 Stück
ZUBEREITUNG
25 Min.
KÜHLEN
2 Std.
BACKEN
20 Min.
PRO STÜCK
ca. 275 kcal

01 **Die Butter in Stücke schneiden und mit Eigelben, Mehl, Mandeln, 50 g Puderzucker und 1 Prise Salz in eine Schüssel geben. Alles mit den Knethaken des Handrührgeräts rasch zu einem glatten Teig verkneten. Diesen abgedeckt ca. 2 Std. kühlen.**

02 **Den Backofen auf 180° vorheizen, zwei Backbleche mit Backpapier belegen. Den Teig auf der leicht bemehlten Arbeitsfläche zu einem Rechteck (40 × 20 cm) ausrollen. Die Teigplatte dann in 20 Stücke (4 × 10 cm) schneiden. Die Stücke mit etwas Abstand auf die Bleche legen und nacheinander im Ofen (Mitte) ca. 10 Min. backen. Herausnehmen und ganz auskühlen lassen.**

03 **Inzwischen restlichen Puderzucker (50 g) und Zitronensaft zu einem dickflüssigen Guss verrühren. Himbeeren und Pistazien mit einem Messer grob hacken.**

04 **Die Hälfte der Teigstücke mit Himbeerfruchtaufstrich bestreichen. Die restlichen Stücke darauflegen und leicht andrücken. Die Schnitten mit Zuckerguss bestreichen, mit gehackten Himbeeren und Pistazien bestreuen und trocknen lassen.**

KARTOFFELBRÖTCHEN

Kopenhagen auf Vorrat: Wir backen meist gleich die doppelte Menge dieser saftig-röschen Brötchen und frieren die Hälfte ein. Bei Bedarf dann einfach auftauen lassen und im vorgeheizten Backofen bei 160° ca. 10 Min. aufbacken.

400 g festkochende Kartoffeln
15 g Salz
5 g frische Hefe
525 g Weizenmehl (Type 550)

AUSSERDEM
Mehl zum Arbeiten

ZUTATEN
für 12 Stück

ZUBEREITUNG
40 Min.

RUHEN
8 Std. 30 Min.

BACKEN
40 Min.

PRO STÜCK
ca. 170 kcal

01 Die Kartoffeln waschen und in wenig Wasser zugedeckt in ca. 25 Min. weich garen. Abgießen und ganz auskühlen lassen. Die Kartoffeln dann pellen, mit 150 ml Wasser in einen hohen Rührbecher geben und mit dem Pürierstab glatt mixen.

02 Kartoffelmasse, Salz, Hefe und Mehl in einer Schüssel mit den Knethaken des Handrührgeräts in ca. 8 Min. zu einem glatten Teig verkneten. Den Teig zu einer Kugel formen und abgedeckt im Kühlschrank mindestens 8 Std. (am besten über Nacht) gehen lassen.

03 Am nächsten Tag zwei Backbleche mit Backpapier belegen. Den Teig auf der bemehlten Arbeitsfläche in 12 Stücke teilen. Diese straff zu Kugeln rollen und mit dem Teigschluss nach unten mit etwas Abstand auf die Bleche setzen. Ca. 30 Min. gehen lassen.

04 Inzwischen den Backofen auf 240° vorheizen. Dabei eine ofenfeste Schale auf den Boden des Backofens stellen und mit aufheizen.

05 Die Teigkugeln mit einem scharfen Messer kreuzweise ca. 1 cm tief einschneiden. Ein Blech in den Ofen (Mitte) schieben, 150 ml kochendes Wasser in die Schale gießen und die Ofentür sofort schließen. Die Brötchen in 18–20 Min. goldbraun backen, dabei nach ca. 12 Min. die Ofentür öffnen und den Dampf entweichen lassen. Die Brötchen herausnehmen und auf einem Rost auskühlen lassen. Die restlichen Teigkugeln ebenso backen, dabei erneut 150 ml kochendes Wasser in die Schale füllen.

TIPP

Durch das Öffnen der Ofentür kann der Dampf aus dem Backraum entweichen und die Brötchen bekommen eine schöne rösche Kruste.

TAKE
AWAY

The Shack
Pearl
ABDI
CHR. HAVN

SUPER KIOSK
SUPERKIOSK

MADBRØD

»Mad« bedeutet Essen, und das passt perfekt, denn ein Madbrød ist nicht einfach ein Brötchen, sondern eine ganze Mahlzeit: In seinem Inneren versteckt sich nämlich eine herzhafte Füllung aus Kartoffeln, Käse und Pesto.

5 g frische Hefe
400 g Dinkelmehl (Type 630)
15 g Salz
300 g Pellkartoffeln (vom Vortag)
100 g Emmentaler
60 g grünes Pesto

AUSSERDEM
Mehl zum Arbeiten
Auflaufform (20 × 25 cm)
Olivenöl für die Form

ZUTATEN
für 8 Stück

ZUBEREITUNG
30 Min.

RUHEN
9 Std.

BACKEN
20 Min.

PRO STÜCK
ca. 285 kcal

01 **Die Hefe in einer Rührschüssel in 275 ml Wasser auflösen. Mehl und Salz zugeben und alles mit den Knethaken des Handrührgeräts in ca. 8 Min zu einem glatten Teig verkneten. Den Teig zu einer Kugel formen und abgedeckt im Kühlschrank mindestens 8 Std. (am besten über Nacht) gehen lassen.**

02 **Am nächsten Tag die Kartoffeln pellen und 1 cm groß würfeln. Den Käse ebenfalls in 1 cm große Würfel schneiden. Kartoffeln, Käse und Pesto mischen.**

03 **Den Teig auf der bemehlten Arbeitsfläche in 8 Stücke teilen und mit den Händen zu Kreisen (ca. 12 cm Ø) ausziehen. Die Kartoffelmischung mittig darauf verteilen und die Teigränder darüber verschließen. Die Form mit Öl einfetten, die Teigkugeln mit dem Teigschluss nach unten dicht nebeneinander hineinsetzen und ca. 1 Std. gehen lassen.**

04 **Den Backofen auf 240° vorheizen. Dabei eine ofenfeste Schale auf den Ofenboden stellen und mit aufheizen. Das Madbrød auf den Ofenrost (Mitte) stellen, 150 ml kochendes Wasser in die Schale gießen und die Ofentür sofort schließen. Das Brot in ca. 20 Min. goldbraun backen. Lauwarm oder kalt servieren.**

NO-BAKE-BROWNIES

Nirgendwo finden kulinarische Gegensätze so lecker zueinander wie in Kopenhagen. Diese Brownies sind dafür ein super Beispiel: schokoladig-schmelzend, aber zuckerfrei – Healthfood und Genuss endlich vereint!

75 g Medjool-Datteln
60 g Pekannusskerne
50 g Walnusskerne
1 TL Kokosöl
2 EL Kakaopulver
Salz
50 g Zartbitter-Schokolade (70 % Kakaogehalt)
3 EL Sahne

AUSSERDEM
Auflaufform (20 × 15 cm)
Kakaopulver zum Bestreuen

ZUTATEN
für 18 Stück
ZUBEREITUNG
15 Min.
KÜHLEN
12 Std.
PRO STÜCK
ca. 80 kcal

01 Die Datteln entsteinen. 10 g Pekannüsse klein hacken. Datteln, übrige Pekannüsse (50 g), Walnüsse, Kokosöl, Kakaopulver und 1 Prise Salz in den Blitzhacker geben und zu einer feinen Masse pürieren. Zuletzt die gehackten Pekannüsse untermischen.

02 Den Boden der Form mit Backpapier belegen. Die Dattel-Nuss-Masse in der Form verteilen und festdrücken.

03 Die Schokolade über einem heißen Wasserbad schmelzen. Die Sahne unterrühren und die Schokomasse auf dem Dattel-Nuss-Boden verteilen. Die Brownies mind. 12 Std (am besten über Nacht) in den Kühlschrank stellen. Danach aus der Form lösen, mit Kakaopulver bestreuen, in Stücke schneiden und servieren.

HOTDOG-BRÖTCHEN

So richtig lecker schmecken Hotdogs erst in ofenfrischen, fluffigen Brötchen. Unsere Hotdog-Brötchen können Sie portionsweise für den Vorrat tiefkühlen. Dann einfach auftauen lassen und auf dem Toaster leicht aufwärmen. Fein übrigens auch als Frühstücksbrötchen!

4 Eier (M)
42 g frische Hefe (1 Würfel)
360 ml Milch (3,5 % Fett)
850 g Mehl
40 g Zucker
120 g weiche Butter
Salz

AUSSERDEM
Mehl zum Arbeiten
2 EL Milch (3,5 % Fett)

ZUTATEN
für 12 Stück
ZUBEREITUNG
30 Min.
RUHEN
13 Std.
BACKEN
50 Min.
PRO STÜCK
ca. 385 kcal

01 **2 Eier trennen und die Eigelbe abgedeckt in den Kühlschrank stellen. Die Hefe in einer Rührschüssel in der zimmerwarmen Milch auflösen. Mehl, Zucker, Butter, 3 TL Salz, Eiweiße und übrige 2 Eier zugeben. Alles mit den Knethaken des Handrührgeräts in ca. 10 Min. zu einem glatten Teig verkneten. Den Teig zu einer Kugel formen und abgedeckt im Kühlschrank ca. 12 Std. (am besten über Nacht) ruhen lassen.**

02 **Am nächsten Tag zwei Backbleche mit Backpapier belegen. Den Teig auf der bemehlten Arbeitsfläche halbieren und mit den Händen zu Quadraten (18 × 18 cm) ausziehen. Jedes Quadrat in 6 Streifen (3 cm breit) schneiden. Die Streifen mit Abstand auf die Bleche legen und abgedeckt ca. 1 Std. gehen lassen.**

03 **Den Backofen auf 180° vorheizen. Die übrigen Eigelbe mit 2 EL Milch verquirlen und die Brötchen mit der Hälfte davon bestreichen. Nacheinander im Ofen (Mitte) in je 20–25 Min. goldbraun backen. Die Brötchen herausnehmen, noch heiß mit der restlichen Eigelbmilch bestreichen und abkühlen lassen.**

35
RALEIGH

REZEPTREGISTER

REZEPTREGISTER

BILDNACHWEIS

Alle Rezeptfotos: Julia Hoersch; **Kopenhagen-Fotos:** Alamy Stock Foto: 119 (Marek Slusarczyk); AWL Images: S. 16 (Marco Bottigelli); 114 (Marco Bottigelli); Getty Images: S. 2 (Michal Krakowiak); 8 (David Trood), 12 (Muriel de Seze), 17 (Photograph by Kangheewan), 34 (Lingxiao Xie), 38 (Muriel de Seze), 42 (olli0815), 78 (Alexander Spatari), 86 (Dorte Fjalland), 90 (Alexander Spatari), 91-2 (CommerceandCultureAgency), 103 (Robert Harding Productions / robertharding), 134 (L. Toshio Kishiyama), 143 (Picture Press RM), 159 u. U4 (Michal Krakowiak), 162 (Tim E. White), 170 (Smitt), 178 (Muriel de Seze); Huber Images: S. 106 (Maurizio Rellini), 123 (Maurizio Rellini), 126 (Christian Bäck), 135 (Christian Bäck), 163 (Robert Günzel), 167 (Giovanni Simeone); iSTock: S. 63 (Birger-Niss), 122 (gaiamoments); laif Travel: S. 30 (Ludovic Maisant), 54 (Bertrand Gardel), 70 (Ludovic Maisant), 75 (Jean-Baptiste Rabouan), 83 (Gerald Haenel), 87 (Bertrand Gardel), 94 (Glaescher), 118 (Franck Guiziou), 130 (Thomas Rabsch), 138 (Thibault Savary), 150 (Bertrand Gardel), 182 (Bertrand Gardel); Pixabay: S. 35, 74, 98, 110; Plainpicture: S. 27 (Kniel Synnatzschke), 58 (Jens Nieth), 158 (Jens Nieth); Sarah Schocke und Alexander Dölle: S. 6, 13, 20, 21, 46, 47, 66, 67, 71, 79, 91-1, 102, 142, 146, 154, 155, 171, 174, 175, 186; Seasons Agency: S. 166 (Olaf Szczepaniak); Stocksy: S. 4, 26 u. 50 (Tom Uhlenberg), 82 (Zoran Djekic); Unsplash; 62 (Maria Bobrova), 95 (Victor Xok), 111 (Marie Bellando-Mitjans), 147 (Marten Bjork)

APPETIT AUF MEHR?

ISBN 978-3-8338-7082-8

ISBN 978-3-8338-5879-6

ISBN 978-3-8338-7081-1

ISBN 978-3-8338-6700-2

ISBN 978-3-8338-7303-4

ISBN 978-3-8338-4469-0

e Alle hier vorgestellten Bücher sind auch als eBook erhältlich.

G|U

Mehr von GU auf **www.gu.de** und **facebook.com/gu.verlag**

IMPRESSUM

Projektleitung: Alessandra Redies
Lektorat: Petra Teetz
Korrektorat: Andrea Lazarovici
Innen- und Umschlaggestaltung: independent Medien-Design, Horst Moser, München
Illustrationen: Julia Hollweck
Bildredaktion: Nafsika Mylona
Herstellung: Petra Roth
Satz: Knipping Werbung GmbH, Berg am Starnberger See
Reproduktion: Medienprinzen GmbH, München
Druck: Firmengruppe APPL, aprinta druck, Wemding
Bindung: Conzella, Pfarrkirchen
Syndication: www.seasons.agency
Printed in Germany

1. Auflage 2020
ISBN 978-3-8338-7437-6

DIE AUTOREN

Sarah Schocke und **Alexander Dölle** sind Ökotrophologen, erfolgreiche Buchautoren und Rezeptentwickler aus Frankfurt am Main. Aus ihrer Feder stammen über 30 Kochbücher zu verschiedensten Themen, u.a. Mittsommer, Lagerfeuer und Blaubeerkuchen – Skandinaviens Glücksgeheimnisse. 2017 sind sie mit dem Wohnwagen bis ans Nordkap gereist. Kopenhagen ist für sie der perfekte Skandinavien-Anker, den sie regelmäßig werfen, um Kanelsnegle und Hygge zu genießen. Mehr zu den beiden unter www.alexundsarah.de Rezepte gibt's auf www.familien-essen.de.

DIE FOTOGRAFIN

Julia Hoersch ist eine vielfach ausgezeichnete Fotografin. Sie arbeitet seit 1991 als freie Fotografin in Hamburg für zahlreiche renommierte Magazine, Agenturen und Buchverlage. Zusammen mit **Susanne Walter** (Foodstyling) und **Meike Graf** (Requisite) setzte sie den Geschmack von Kopenhagen nordisch minimalistisch und stimmungsvoll in Szene.

UMWELTHINWEIS

Dieses Buch ist auf PEFC-zertifiziertem Papier aus nachhaltiger Waldwirtschaft gedruckt.

BACKOFENHINWEIS

Die Backzeiten können je nach Herd variieren. Die Temperaturangaben in unseren Rezepten beziehen sich auf das Backen im Elektroherd mit Ober- und Unterhitze und können bei Gasherden oder Backen mit Umluft abweichen. Details entnehmen Sie bitte Ihrer Gebrauchsanweisung.

QUALITÄTS G|U GARANTIE

LIEBE LESERINNEN UND LESER,

wir wollen Ihnen mit diesem Buch Informationen und Anregungen geben, um Ihnen das Leben zu erleichtern oder Sie zu inspirieren, Neues auszuprobieren. Wir achten bei der Erstellung unserer Bücher auf Aktualität und stellen höchste Ansprüche an Inhalt und Gestaltung. Alle Anleitungen und Rezepte werden von unseren Autoren, jeweils Experten auf ihren Gebieten, gewissenhaft erstellt und von unseren Redakteuren/innen mit größter Sorgfalt ausgewählt und geprüft.

Haben wir Ihre Erwartungen erfüllt? Sind Sie mit diesem Buch und seinen Inhalten zufrieden? Haben Sie weitere Fragen zu diesem Thema? Wir freuen uns auf Ihre Rückmeldung, auf Lob, Kritik und Anregungen, damit wir für Sie immer besser werden können. Und wir freuen uns, wenn Sie diesen Titel weiterempfehlen, in Ihrem Freundeskreis oder bei Ihrem online-Kauf.

Sollten wir Ihre Erwartungen so gar nicht erfüllt haben, tauschen wir Ihnen Ihr Buch jederzeit gegen ein gleichwertiges zum gleichen oder ähnlichen Thema um.

KONTAKT

GRÄFE UND UNZER VERLAG
Leserservice
Postfach 86 03 13
81630 München
E-Mail: leserservice@graefe-und-unzer.de

Telefon: 00800 / 72 37 33 33*
Telefax: 00800 / 50 12 05 44*
Mo-Do: 9.00-17.00 Uhr
Fr: 9.00-16.00 Uhr
(*gebührenfrei in D,A,CH)

www.facebook.com/gu.verlag

GRÄFE UND UNZER

Ein Unternehmen der
GANSKE VERLAGSGRUPPE